高校招生制度改革研究丛书

高校自主招生的公平与效率：理论研究

刘　进◇著

FAIRNESS AND EFFICIENCY RESEARCH ON UNIVERSITY SELF-ADMISSIONS OF CHINA:

A THEORETICAL STUDY

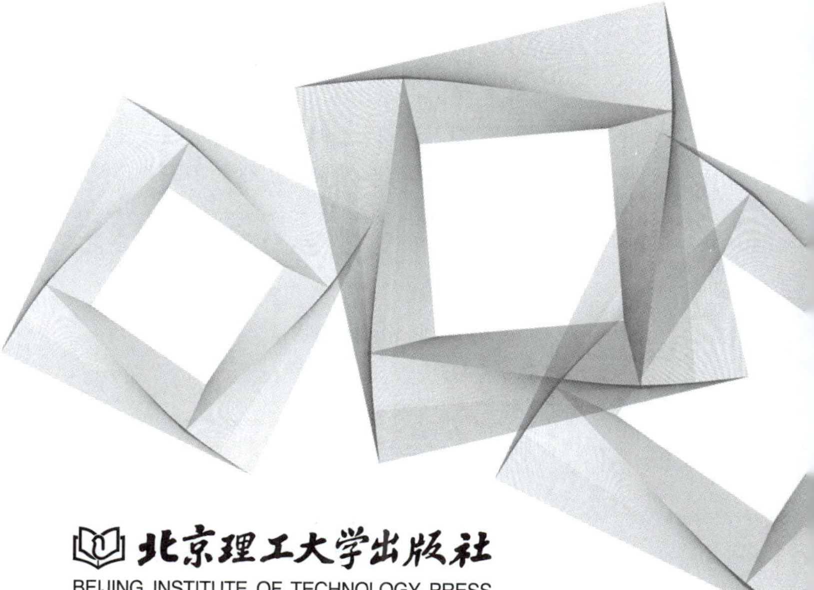

北京理工大学出版社
BEIJING INSTITUTE OF TECHNOLOGY PRESS

图书在版编目（CIP）数据

高校自主招生的公平与效率：理论研究/刘进著．—北京：北京理工大学出版社，2020.11

ISBN 978－7－5682－5554－7

Ⅰ．①高…　Ⅱ．①刘…　Ⅲ．①高等学校－招生制度－研究－中国
Ⅳ．①G649.22

中国版本图书馆 CIP 数据核字（2018）第 072236 号

出版发行／北京理工大学出版社有限责任公司
社　　址／北京市海淀区中关村南大街 5 号
邮　　编／100081
电　　话／（010）68914775（总编室）
　　　　　（010）82562903（教材售后服务热线）
　　　　　（010）68948351（其他图书服务热线）
网　　址／http：//www. bitpress. com. cn
经　　销／全国各地新华书店
印　　刷／三河市华骏印务包装有限公司
开　　本／710 毫米×1000 毫米　1/16
印　　张／9.5
字　　数／125 千字
版　　次／2020 年 11 月第 1 版　2020 年 11 月第 1 次印刷
定　　价／45.00 元

责任编辑／陈莉华
文案编辑／陈莉华
责任校对／周瑞红
责任印制／边心超

自序：高校自主招生制度改革不应因噎废食

2013 年，中国高校自主招生制度改革进入第十个年头，没有迎来轰轰烈烈的庆祝活动，却受到了自改革以来最沉痛的打击——中国人民大学爆出自主招生弊案，该校招办主任涉嫌严重自主招生腐败问题接受调查。2014 年，部分高校又爆出自主招生学生学习成绩过差等问题，引发学界和民众对于自主招生制度的持续声讨，缩减甚至废除该项制度的呼声日高。针对此种情况，教育部也连续下文，要求加强自主招生监管并严格控制自主选拔录取招生比例，已显示出权力收缩上移的趋势。历史地看，我国教育改革尤其是招生制度改革已多次陷入“一统就死、一放就乱”的两难境地，人们似乎已经习惯于这种招生改革的“收”-“放”博弈。但与历次招生制度改革不同，此次自主招生制度改革的意义重大，如因噎废食彻底放弃改革努力，不仅将葬送过去十多年宝贵的改革经验，而且会贻误中国教育改革的大好时机。

自主招生制度改革与历次招生改革活动都不相同，根本原因在于，自主招生肩负着现代大学制度建设的关键使命。作为连接中学教育与高等教育的关键一环，自主招生不仅肩负着促进中学素质教育、促进中学创新人才培养的关键使命，更为重要的是，其是教育行政主管部门向高校放权的核心步骤，也是现代大学制度建设的根本一环。在集权式政府管理模式下，我国的高校虽然在法律上拥有自主办学的诸多权力，但长期以来从学生招录到专业设置、人才培养都受到严格管控。2003 年开始的自主招生改革，将新生招录权限部分转移到高校，逐渐实现了中国高校招生模式与西方主流国家的对接。《国家中长期教育改革和发展规划纲要（2010—2020 年）》提出了建设现代大学制度的明确要求，最近十年将是高校按照教育规律、探索开展现代大学制度建设的关键时期，如仓促废止自主招生制度，将高校获得的有限的招生权限交还给教育行政主管部门，各高校的现代大学制度建设则可能会打折扣。而且，教育行政主管部门基于对放权后“权力失控”可能产生的寻租等问题的忌惮，下一次招生放权可能会大大延后，这将延误中国现代大学制度建设进程。

高校自主招生改革不应因噎废食，应客观评价自主招生的运行状况，不能将“脏水”与“孩子”都泼出去。当前自主招生运行的核心问题是公平问题，宏观上，无法保障不同城乡、地域、阶层学生的自主招生参与结果的公平性，造成弱势群体的自主招生参与边缘化；中观上，重点校思维让弱势中学失去竞争话语，沦为自主招生陪衬，相对剥夺了这些中学优秀生源向上流动的机会；微观上，招生操作过程中过多体现了人为意志，存在产生寻租甚至腐败问题的可能性，让自主招生制度无法充分暴露在阳光之下，导致了对于自主招生公平质疑的产生和传播。此外，自主招生还客观存在着命题科学性差、人才选拔信效度不足、高校传统的招生惯性强等问题，也在某种程度上动摇了该项招生制度运行的合理性。虽然如此，也应看到自主招生运行十多年来，高校在推动自主办学方面取得的显著进步，比如之前的“北约”“华约”“卓越”等考试联盟已在传统高考之外，逐渐探索出了创新人才选拔和培养的更为灵活的方式；上海交通大学、复旦大学以及上海地区的其他多所重点高校深化自主招生改革已经走出“破冰之旅”；一些试点高校已转换了传统的人才招录方式，大大动摇了应试教育的根基。而且，自主招生学生进入高校之后，也一定程度上促进了高校多元化办学活动的开展，促进了高等教育阶段的创新人才培养，这对于高等教育良性发展具有积极意义。

高校自主招生改革既不应盲目自信，也不应因噎废食，当前阶段改革的核心是处理好高校自律与他律的关系问题。一是高校应有效践行多元选材、科学选材的基本理念。应从根本上废除人才选拔的各类标签，更大程度上鼓励优秀考生自由参与自主招生，铲除公平问题发生的政策土壤；应科学开展自主招生人才选拔活动，运用现代信息技术手段，公平设计和组织选拔活动，强化笔试试题的科学性监控和信效度检验，科学论证面试的科学性与公平性状况，严厉杜绝部分高校命题随意性大、科学性不足问题，有条件的应公开笔试试题库和面试试题库，接受公众监督，国家层面可以考虑构建类似于美国 SAT 试题库，以提升命题的科学性和选拔的有效性。二是高校应树立底线意识、自律意识、诚信意识和长远眼光。应将公平选材作为办教育、办大学的底线；应诚信兑现与教育行政主管部门的权力交接诺言；尤其应树立长远的办学眼光，明晰自主招生作为现代大学制度的关键环节所具有的重要历史意义，历史性用好该项权力，在新一轮现代大学制度建设和高校竞争中脱颖而出。三是加强过程监控。应全面开放教育部阳光招生信息平台，建立专门的法律法规，畅通举报查处机制，对涉嫌徇私舞弊的招生部门人员、大学教师、中学教师和中学生本人进行有效惩处。

自主招生在全球主流高等教育系统中承担着主要的人才招录功能，过去十多年中国的改革实践也一步步向全球趋势靠近。时下，自主招生改革面临困境，但不应因噎废食。应找准病根，不断改革创新，稳步扎好制度篱笆，最终构建起科学、公平、高效且有中国特色的自主招生制度体系。

目 录

1　从理念公平到技术公平：扎紧自主招生的制度篱笆

历时十余年的高校自主招生制度改革，其制度设计高度聚焦公平议题，且与传统高考的价值理性相类似，自主招生具体的政策流程设计也体现了“有利于教育公平”的基本理念，是否公平成为观测自主招生制度运行状况的基本标准之一。经过过去15年的改革试点，中国自主招生制度已基本形成了保障教育公平的基本理念，较好营造了教育公平的制度环境，较为有效地构建了自主招生公平与高考公平的衔接渠道，在宏观和中观层面初步形成了自主招生公平保障的基本共识。但是在微观层面，当前一些技术层面的公平问题仍然困扰着自主招生制度改革，即自主招生公平保障过程中各类技术细节的处理，已成为制约自主招生改革的主要障碍。近年来，一些曝光的自主招生新闻事件中，大多数自主招生公平问题都是源于技术细节设计不合理造成的，因此新时期厘清自主招生技术公平的主要特征、表现形式与生成机理迫在眉睫。

一、理念层面的自主招生公平：可见的成就

自主招生公平理念的形成经历了由混沌到澄清的基本过程，这大致体现在3个方面：一是自主招生公平的内涵与外延逐渐趋于统一；二是自主招生公平的制度设计逐渐趋于稳定；三是自主招生公平的具体政策日益稳健。

（一）自主招生公平的内涵与外延趋于统一

自主招生作为中国新的高校招生录取制度改革试点，在试点早期曾引起广泛的有关“自主招生制度设计是否需要兼顾公平”的争议，争议的核心在于“自主招生公平与效率究竟谁应该是主导”。随着改革的深入，教育行政主管部门明确将“有利于促进教育公平”纳入了自主招生改革的整体理念，基本平息了上述争论。自主招生制度改革涉及 90 余所重点高校，涉及数万学生的高等教育入学机会，自主招生制度既不是传统高考制度的补充形式，也不是未来高考制度的边缘形式，而是具有中国特色的高校招生制度改革的系统尝试。自主招生改革从小众走向大众，从外围走向中心，自主招生制度对于中国高考制度改革影响的扩大趋势日益明显。因此，自主招生公平并不是特殊类型的高校招生录取公平，而应该是与高考具有同等效力的、保障各类学生入学机会的、普适性的教育公平。自主招生公平应严格地与传统惠及少部分人、涉及少部分能力特长考查的高考补充制度（如保送生制度）相区分。

已有研究对于自主招生公平的内涵与外延界定不尽相同。有一类研究认为，应从自主招生与高考的差异入手形成独特的自主招生公平概念，这些研究有的关注自主招生招考模式与传统高考的重大差异，有的关注自主招生招考过程、招考技术与传统高考的重大差异，也有的关注自主招生招考理论与传统高考的重大差异。举例来说，有的研究认为，自主招生制度可能导致“弄虚作假、指名选送、授意录取”等新的教育不公平问题发生，有的研究认为自主招生制度设计在命题、施测、评卷、录取等技术环节的缺陷，可能导致负面消极因素侵扰自主招生制度，形成新的不公平问题。另一类研究则认为，不应否定自主招生公平与传统高考公平的目标一致性，不应排斥传统教育公平研究的起点公平、过程公平、结果公平的基本分析框架。这一类研究在对自主招生公平的测量手段和技术手段借鉴上，也大量采用了传统高考公平的研究工具。虽然上述两种自主招生公平概念存在较大分歧，但两派观点也有比较一致的地方，即无论自主招生公平的概念如何，自主招生公平保障的关键，都应放在程序公平和过程公平环节，也即，应重点确保自主招生的规则公平和执行过程公平。

自主招生公平究竟应形成独立概念，还是只依附于传统高考公平概念并做出适当延伸调整，其核心其实在于理顺自主招生公平与效率关系。如果自主招生制度设计更突出公平议题，则不应独立形成自主招生的公平概念；如果自主招生制度设计更突出效率主题，则应淡化对公平问题的讨论，于是自主招生公平问题就成为独特的新概念。事实上，在自主招生制度试点的初期，学术界关于“要不要单独提出自主招生公平议题”“自主招生公平与效率谁更优先”两大问题一直争论不休，其核心在于，自主招生制度设计初期，主要凸显的是“效率”目标（即三个“有助于”目标），后来随着各类公平问题日益严峻，教育主管部门才加上了第四个“有助于”目标（“有助于高考自身的科学、公平、安全、高效”），但这反而使得自主招生公平与效率之争变得更为激烈。

经过一段时期的改革试点，目前有关自主招生公平与效率的这一关键争议已基本消除。本课题组对 2012 年以来自主招生研究文献的文本分析显示，已很少有文献继续讨论自主招生公平与效率的优先排序问题。原因在于，自主招生作为中国高校招生活动的重要组成部分，对于自主招生公平与效率问题的讨论，应放置于中国高校招生制度改革的整体政策环境之中，这就必然导致自主招生公平问题的讨论不断向高考的刚性公平设计倾斜（虽然这并不一定是自主招生政策设计的初衷）。因此，随着自主招生改革的推进，传统的自主招生公平与效率之争逐渐出现了公平与效率的融合趋势，也即，部分自主招生制度设计的效率指标不断融入公平指标之中，部分自主招生制度设计的公平指标也不断融入效率指标之中，公平与效率成为自主招生制度设计中共生共长、互相制衡的一对要素甚至有关评价指标不断模糊化、较难分割清楚。

新时期深入开展自主招生公平问题研究，尤其是准确计量自主招生公平状况，科学解释自主招生公平发生原因，正成为学界研究的新方向。其中，全过程开展自主招生公平问题的研究已经逐渐出现，研究内容包括中学层面各项自主招生活动过程中的公平问题，一直到自主招生学生入校后的人才培养活动（乃至本科毕业后的职业发展状况）的公平问题，基本已经涵盖自主招生从招生到录取再到培养活动的全过程。比如，本课题组的研究认为，弱势群体的自主招生参与状况是观测和衡量自主招生公平状况的最重要的维度之一。其他的研究则发现，就业酬薪是衡量自主招生人才培养过程公平问题的重要维度。

（二）自主招生公平的制度设计趋于稳定

自主招生制度设计中的公平保障，经历了从缺失到完善、从动荡到稳定的基本发展历程，目前中国已经营造出了较好的自主招生公平制度环境，这也为自主招生制度改革与上海、浙江等省市的新高考制度改革衔接提供了基础准备。

（1）在国家层面。《国家中长期教育改革和发展规划纲要（2010—2020 年）》为自主招生公平改革规划了远景方向："公开高校招生名额分配原则和办法，公开招生章程和政策、招生程序和结果，公开自主招生办法、程序和结果。"十八届三中全会审议通过的《中共中央关于全面深化改革若干重大问题的决定》也进一步指出，"推进考试招生制度改革，探索招生和考试相对分离、学生考试多次选择、学校依法自主招生、专业机构组织实施、政府宏观管理、社会参与监督的运行机制，从根本上解决一考定终身的弊端"，进一步丰富和理顺了自主招生公平的体制机制。

（2）在省域层面。上海和浙江新的招生制度改革方案"新高考"中明确提出："改革招生录取机制，减少和规范考试加分，完善和规范自主招生，完善高校招生选拔机制，改进录取方式，拓宽社会成员终身学习通道，改革监督管理机制，加强信息公开，加强制度保障，加大违规查处力度"。"新高考"制度设计中包含有关于学生综合素质考查的新标准和新技术，这些具体举措为自主招生改革试点的进一步推进提供了坚实的公平保障。

（3）在高校层面。中国各高校经历了自主招生试点由“分”到“合”再由“合”到“分”的基本历程。早期各高校单独探索自主招生改革经验，初步形成了自主招生公平的各类制度与政策安排，各高校也针对自主招生公平较为突出的主要问题进行了解决方案准备。之后，各高校进入了“合纵连横”的联盟化发展阶段，以“北约联盟”“华约联盟”“卓越联盟”等为代表的“联报联考”制度，逐步取代了高校各自为战的传统自主招生格局，在此阶段，中国各高校通过“集体智慧”，共同构建起了较为坚实的自主招生公平制度环境，提升了自主招生制度的整体公平性水平。新时期，各自主招生高校，从联盟再次走向独立，开始凸显各高校的自身特色，强化各自高校生源特色与自主招生政策的联系，既部分保留了自主招生联盟时期一些好的教育公平制度设计，又因地制宜、因时制宜、因校制宜，发展完善出了新的自主招生公平保障举措。

（三）自主招生公平的政策日益稳健

自主招生改革经历了生源抢夺、结盟联合、政策多变等不稳定阶段之后，目前其政策设计在公平方面已趋于稳健，其核心表现在以下4个方面。

一是政策连贯性大为增强。中国自主招生政策一改试点初期的“几年一变”甚至“一年一变”的动态格局，逐渐形成了系列化和稳固化的自主招生公平政策体系。比如，多数高校已经形成了系列化的自主招生政策宣传、考核录取、结果公示等公平保障政策体系；一些高校扭转了自主招生试点早期通过视频直播等“极端方式”保障自主招生公平的应激性政策；绝大多数高校在招生人员配备政策、笔试面试政策、招生违规监督政策，甚至入校后自主招生学生成才培养政策等方面，都已经形成了系列化、公平性、相对稳固和可持续的自主招生公平政策体系。

二是政策匹配度有所提高。自主招生公平的政策设计从传统的独立设计，逐渐转向与高考公平政策保障体系相融合。自主招生公平政策与高考公平政策互相贯通、互为一体、互成合力的趋势已经显现。自主招生公平政策也逐渐与高校人才培养政策实现连接，逐渐从招生录取的公平政策保障，向人才培养的公平政策保障进行延伸，一些高校逐渐淡化了有关“自主招生学生是否需要入校后单独培养”“自主招生学生单独培养是否会造成新的教育不公”等传统争议，高校内部逐渐实现了自主招生政策设计从起点公平到过程公平再到结果公平的流畅过渡。此外，自主招生政策的公平设计也逐渐实现了与中学教育政策的吻合，消除了自主招生政策试点前期曾经出现的过度干预中学办学、扰乱中学正常教育秩序等现实问题，部分降低了中学参与自主招生活动可能存在的各类公平隐患。

三是自主招生公平政策设计开始具备较好的延展性。各高校自主招生公平政策设计日益规范和科学，逐渐形成了自纠自查和认错改错机制，这有利于更好地行使高校的办学自主权，有利于形成具有高度自我调适功能的自主招生公平政策。

四是自主招生公平政策开放性好、显示度高、差异性凸显。自主招生政策设计较好发挥了有利于落实高校办学自主权的政策导向作用，较好发挥了教育部阳光招生信息平台和各高校招生公示系统的开放阵地作用，也较好发挥了以自由竞争、充分竞争、良性竞争为新的特点的高校生源竞争政策导向作用。当前自主招生公平政策设计已经高度开放透明，广泛接受社会监督，并细化了自主招生分步骤公示等具体政策细节，既达到了有效开展公平监督的政策预期，又较好地促进了高校之间的良性竞争，并在生源竞争中凸显了各高校特色、提升了各高校品牌知名度，这为各自主招生高校“双一流”建设提供了好的生源保障，增强了这些高校的生源竞争活力。此外，大平台、多渠道、凸显校本特色的自主招生公平政策设计，也在客观上促进了自主招生制度与政策信息的传播，一定程度上惠及了弱势地区、弱势中学和弱势阶层，促进了弱势群体的自主招生参与，从更根本上提升了自主招生公平性水平。

二、技术层面的自主招生公平：现实的困难

以上分析显示，理念层面的高校自主招生公平已基本不存在争议，但在技术层面的自主招生公平问题却日益凸显。所谓“理念层面的自主招生公平问题”，更多侧重于自主招生公平的认知与政策设计方面的各类问题。相比而言，“技术层面的自主招生公平问题”则更加偏向于实际操作层面，主要指的是各类政策执行层面实际出现的自主招生公平问题，这些问题背后凸显的自主招生公平保障的技术能力。近年来，理论界与实践界已不再过多争议什么是自主招生公平、自主招生要不要公平、如何实现自主招生公平等宏大议题，但反而各类自主招生公平的技术问题层出不穷，这些问题大多以突发事件或舆论焦点的形式出现并迅速成为公众话题。比如，关于自主招生笔试试题、面试试题的技术公平问题等就长期占据舆论中心，多所高校因为自主招生的“奇葩试题”屡屡被媒体推向前台。再如，自主招生人才甄别技术的科学性问题也反复出现，一些高校自主招生学生入学后学业表现欠佳，这通常被认为是自主招生人才选拔科学性不足造成的。

技术层面的自主招生公平问题，更关乎民众对于自主招生公平状况的直接认知，民众可能会因为自主招生的一些技术公平问题而降低对于自主招生公平水平的总体评价。自主招生公平与传统高考公平问题一样，并不是纯粹的学理层面的研究议题，而是承载着整个教育公平，乃至整个社会正义的重大社会问题。而且，自主招生的技术公平问题丝毫不逊于自主招生的理念公平问题，一方面，技术公平是理念公平的直接抓手和过程保障；另一方面，技术公平问题一旦出现，其对理念公平的破坏可能是“裂变式”的。“千里之堤，溃于蚁穴”，自主招生技术公平细节处理的好坏，直接关乎高校自主招生制度改革的成效。新时期，对自主招生技术公平的重视、分析和改进，应成为高校自主招生改革的关键方面。具体来看，当前高校自主招生技术公平问题主要集中在以下几个方面。

（一）自主招生宣传方面的技术公平问题

自主招生制度设计高度关注公平问题，其核心在于提高弱势群体的自主招生知晓率、报名率和成功率。但是，当前如何通过有效手段实现自主招生信息向弱势群体有效传播仍存在技术难题，并导致在此方面的技术公平问题较为突出。本课题组分别于2008年和2015年开展了两次全国范围的高校自主招生问卷调查，结果显示，仍然普遍存在着弱势群体中学生自主招生信息获取难、渠道少、效果差的现实问题，这一问题的直接结果就是自主招生省际间及省域内不同地区间报名人数、录取人数存在显著差异，该种差异大大高于传统高考省域间的生源分布差异。

本课题组在多省对中学的实地调研都显示，上述问题出现的基本原因之一在于，自主招生政策宣传存在显著的技术问题，由于信息宣传途径不畅通，导致部分优秀学生被动放弃了自主招生参与机会。尤其是对一些欠发达省份和欠发达中学（弱势中学）的调研显示，一些中学在过去15年间竟然从未有学生报名参加过自主招生活动；一些中学不仅学生、家长不知道自主招生政策的存在，甚至教师、校长、地方教育主管部门负责人对自主招生政策也非常陌生。

自主招生政策宣传的技术公平问题，客观导致了该项招生活动存在显著的“马太效应”，即越是优势社会阶层，越因为掌握更多的自主招生信息，而更多地参加自主招生活动、更多地获得自主招生录取机会。该种由于信息传播所引发的自主招生公平问题，根源在于信息传播渠道和技术的滞后，可以认为是自主招生信息宣传方面的技术公平问题。这一技术公平问题显然不利于吸引更广泛学生参与自主招生活动，不利于保障自主招生制度的起点公平。而且，由于自主招生信息传播的不畅，还可能导致自主招生信息的“误传”“谣传”等问题，造成弱势学生对自主招生政策产生畏惧感和疏离感，造成“自主招生制度是为有钱人设计的”“自主招生制度需要超强的能力特长而我无法参加”等错误印象，形成弱势学生自主招生参与的心理壁垒。

上述自主招生宣传方面的技术公平问题的产生，一方面，是由于自主招生宣传的缺位造成的。欧美发达国家大多高度尊重高校的人才选拔主体地位，各高校招生活动基本上属于“完全自主招生”。在此过程中，学生和家长也拥有自由选择权，其中，如何从众多高校中遴选出有效的招生信息、如何用好用足各高校的招生政策，主要依赖于各类招生信息的有效传播程度。事实表明，即使进入信息化时代的当今社会，西方国家在招生考试活动中也仍然存在信息不对称现象，以及弱势群体因信息占有不够而招生参与不足的教育公平问题，通过各类手段畅通招生信息渠道、弱化信息要素对招生结果的影响，当前已成为各国共识。以英国为例，该国为克服弱势群体获取招生信息不畅的问题，曾大量租用乡村地区的各类计算机平台，免费帮助弱势群体有效获得高校招考信息，并通过创办杂志、创办网站、组织校园开放日等多种渠道，努力降低信息不对称问题。再以美国为例，为提升高校招生信息传播的流畅程度，一些高校每年不惜在招生宣传方面投入上百万美元甚至数百万美元，印制精美画报、进入中学开展现场宣讲、组织校友进行招生联谊活动等已成为常态。有些美国高校还为贫困学生提供免费机票和住宿，邀请学生及家人参加校园开放日，通过各种途径畅通招生宣传途径。

对中国而言，传统的高考制度设计更多依托的是“参加考试 + 按分录取”的简单模式，高校没有太多的招生信息需要传播，因此长期以来中国并未形成畅通完善的高校—中学—学生的招生信息传播路径（或者高校—教育主管部门—中学—学生）。但自主招生制度与传统高考却完全不同，自主招生制度设计更接近于欧美的现代化高校招生体系，具有强烈的校本、生本个性化特征，对于招生宣传的技术要求大为增强。自主招生制度设计要求有专业的招生宣传人员，且这些宣传人员的工作职能大大区别于传统的高考招生宣传。而当前，高校自主招生宣传人员仍然主要由传统高考招生人员兼任，或由高校赴各省招生组成员（通常为普通教师）兼任，职业化程度偏低，并不具备自主招生宣传的专业能力。与此同时，相比于传统高考宣传，自主招生宣传成本也较高，部分高校并未做好自主招生宣传预算。与西方研究型大学人均招生宣传成本数百甚至数千美元相比，中国高校自主招生宣传投入仍存在较大差距，无法保障招生宣传的力度与质量。此外，中国当前高校自主招生宣传还存在着传统高考招生宣传渠道较为封闭、新渠道开拓不力、过度依赖传统高考宣传媒介等问题，对于学生、家长、中学教师较为便利且喜闻乐见的自主招生宣传途径仍比较缺乏，大多数高校仍然以“被动宣传”为主，将自主招生相关信息放置于学校网站坐等学生访问，主动宣传的意识和能力不足。一些高校校园开放日的宣传工作仍较为泛化，形式大于内容，宣传力度和吸引力不足，更多只能吸引到高校所在地生源到访，缺乏吸引和帮助弱势学生参与校园开放日的必要手段和保障措施。

另一方面，自主招生宣传方面的技术公平问题也与招生宣传博弈有关。相比传统高考，自主招生具有一定的分权特征。中学从生源输送的被动参与身份，转变成为具有一定的学生初选权的招生主体身份，中学层面的利益相关者的博弈活动，成为影响自主招生宣传的重要方面。一些中学在自主招生的初选、推荐、中学成绩认定等方面仍不公开、不透明、不公平，一些中学仍然视自主招生为“高考加分”活动，故意拦截自主招生宣传信息，只将自主招生信息在有限范围内传播，这些问题导致的比较严重的后果就是，当前获得自主招生录取的学生中，父母职业为中学教师的比例较大，远远超出了中学教师在中国的社会阶层占比。本质上讲，这是一种基于个体或群体利益而对抗自主招生政策宣传的负向博弈，直接妨碍了自主招生各类信息向弱势群体的流动。

（二）自主招生流程设计方面的技术公平问题

中国高校自主招生的流程设计远远复杂于传统高考，导致各类技术公平问题发生的可能性大为增加。

一是刚性与柔性的报名门槛设置公平争议较大。当前高校大致存在两种类型的自主招生报名门槛设置：第一类是刚性门槛，一些理工科院校，或一些担心社会资本影响自主招生活动的院校，往往试图通过奥林匹克竞赛、小小发明家竞赛、各类专利获奖等刚性报名条件的设定，提高自主招生报名门槛，降低自主招生寻租空间。第二类是柔性门槛，一些高校由于担心过于严苛的自主招生报名门槛设置，可能遗漏某些特殊人才，或出于其他考虑目的，往往在刚性报名门槛之外设置有“学习表现优秀”“具有发展潜力”“具有其他类型能力特长”等柔性门槛。

从技术公平的角度看，过度刚性的报名门槛可能导致一些特殊人才无法进入自主招生选拔视野，公共舆论大量讨论的“农村学生如何彰显个性能力以参与自主招生”问题即是关键体现之一。而且即使刚性门槛也难根本上消除各类公平问题。比如，2017 年以来中国多地爆发了关于自主招生学生购买论文、购买专利、由亲友代写论文等舞弊活动，都说明刚性门槛情况下，一些高校非常看重的作文竞赛、学术发表、论文专利等仍然可能引发技术公平问题。比如，近年来媒体曾曝光某高校教师，其高中阶段子女已拥有多篇高质量学术论文发表，且论文发表全部集中在该高校教师的研究领域，这引发了舆论有关自主招生公平的强烈质疑。此外，刚性门槛的设置还可能滋生其他类型的自主招生公平问题，比如近年来滋生出一些单位和个人私设比赛和奖项问题，导致自主招生报名奖项五花八门，甚至引发部分家长、学生和培训机构花钱买卖奖励等现象出现。比如，近年来兴起的城市马拉松比赛已经查获多起学生有偿替跑服务，这些学生通过购买马拉松成绩获得了运动员等级称号，进而可能参加自主招生活动。与刚性报名门槛相比，柔性自主招生报名门槛的设置，则更容易引发技术公平问题，并在一定程度上增加了高校招生的资料审核成本，提升了高校自主招生的寻租风险。总体来看，自主招生报名门槛问题应纳入自主招生技术公平的观测范畴，应引起足够重视，对于自主招生报名门槛的把握，高校需在软硬门槛尺度的拿捏方面，围绕技术公平要求做出更大努力。

二是制度流程设计形式大于内容，无效冗余环节造成技术公平风险增大。由于国情不同，中国当前的自主招生政策在学生自荐材料、中学推荐材料、专家推荐意见等流程设计上过度效仿欧美，不仅并无太多现实意义，而且可能带来技术公平风险。本课题组调研显示，上述自荐材料等书面材料的撰写，广泛存在着教师、家庭成员或其他人员代写问题，甚至存在社会化购买问题，与此同时，这些书面材料也存在千篇一律、学生个性特征不明显等问题，该种政策设计较为冗余，且大幅增加了自主招生的人才选拔成本，其中暴露出的一些技术公平问题也深受民众诟病。比如，一些高校要求学生提供类似于美国高校的自我推荐作文或调研报告，就导致很大比例的代写行为发生，轻则由家长、亲友、教师代写，重则由社会中介机构有偿提供代写服务，严重扰乱了自主招生秩序。可以发现，过于复杂的自主招生流程设计往往可能成为自主招生技术公平问题发生的根源之一，需要引起广泛重视。习近平总书记指出，要面向中国大地办大学，要凸显中国一流大学建设的本土特色，自主招生活动具有很强的本土特征，自主招生流程设计应克服过度模仿欧美、生搬硬套的不良倾向，去除无效选拔环节，降低技术公平问题的发生概率。

（三）自主招生考试方面的技术公平困境

从理论基础来看，传统高考更多遵循的是智力甄别理论，自主招生则更多凸显的是多元智能理论。但当前，部分高校的自主招生多元选材活动并未在考试技术方面做好准备，因此可能带来新的技术公平问题。

(1) 在自主招生笔试方面。一是命题主体错位可能带来技术公平问题。一些高校长期以来习惯于通过高考被动接收中学生源，尚未真正形成面向中学与大学课程体系衔接的命题能力；一些高校甚至将自主招生命题权“拱手相让”，擅自委托中学等进行命题活动，不仅放弃宝贵的高校办学自主权，进一步助长了中学的应试教育之风，而且可能导致受委托命题的中学“不当得利”，带来自主招生的技术公平风险；一些高校自行开展自主招生命题活动，但缺乏真正符合多元智能选材标准的命题能力，在命题专家、题库建设、阅卷能力等方面存在明显不足；一些高校擅自将公务员考试等其他类型试题引入自主招生考试，严重背离该年龄段中学生人才选拔规律；一些高校试图用奥赛等偏、难、怪试题取代科学化的自主招生命题，违背了自主招生制度设计的初衷；一些高校对自主招生命题过度“求新”“求异”，导致试题既不符合科学规律和生活实际，也导致错题发生率高；一些高校过于强调试题“与社会实践相结合”，命题更多强调的是城市话语（如某高校有关“共享单车”的命题），不符合弱势群体的生活实际，往往出现弱势中学生“看不懂试题”的问题发生；一些高校命题结构松散混乱，没有明确的能力考查目标，既不知其然也不知其所以然，出现各类“雷人”试题；一些高校命题质量过差，为掩盖命题质量不足问题，往往在考试结束后急于封存甚至销毁试题，拒绝向社会开放试题库。凡此种种，通常都是由于高校的自主招生命题独立意识不强、能力不足、懒政惰政、私心杂念等导致的，都可能形成大量自主招生的技术公平问题。

（2）在自主招生面试方面。当前中国高校的自主招生面试，存在着与自主招生笔试相类似的人才选拔理念不清、多元智能理论成果运用不足、命题随意性强、科学性差、命题忽略弱势群体特征等技术公平问题。除此之外，自主招生面试还存在着其他方面的技术公平问题。比如，面试的成本分担问题。即使在欧美发达国家，也并非所有学生都需要到高校所在地进行面试。以美国为例，一些高校最大比例的招生面试是通过互联网在线完成的，或通过申请人所在地的校友志愿者上门面试完成的。在英国，一些高校也通常是通过对招生申请信息的筛选，将学生分为不同等级，只有少数等级的学生是需要到校进行面试的。相比而言，当前中国的自主招生在面试环节仍缺乏区分度，对所有候选人都进行到校面试，巨大的工作量既分散了有限的面试力量，降低了面试的科学性，又因交通、食宿等成本限制，客观上降低了弱势群体的面试参与度。此外，当前中国高校自主招生面试的随意性过大，也可能带来各类技术公平问题，一些已经被爆出的高校“雷人”

面试试题降低了自主招生活动的严肃性，部分高校仍然缺乏对这些“问题试题”的倒查机制和追责问责机制，这也导致自主招生面试命题的技术公平问题仍然不断出现。

三、自主招生：从理念公平到技术公平的转向

“不积跬步，无以至千里”，自主招生公平的整体状况是由每一个公平的技术环节累积形成的。对于自主招生技术公平的重视和凸显，尤其是从偏向宏观和中观层面的理念公平，向更为具体的微观层面的技术公平转向，是下一阶段自主招生改革的重点。

自主招生公平与高考公平一样，是极具社会公平表征意义的重要社会活动。在推动自主招生从理念公平向技术公平转变的过程中，需要多方努力，既需要教育行政主管部门自上而下开展各类自主招生技术公平的体系建设，也需要切实从高校视角、中学视角，尤其是从学生视角、弱势群体视角进行各类技术公平的改革重构。在自主招生技术公平的实现过程中，要高度强调理论与实践的统一，要凸显自主招生制度设计的多元选材理论，要有效区分自主招生与传统高考在人才选拔技术方面的差异，要实事求是、各个击破，对各类已经曝光的技术公平问题做出正面回应，要举一反三，对各类已经出现的自主招生技术公平问题深挖原因，做好预警与防范。当前中国在“双一流”建设背景下，要切实按照习近平总书记关于中国特色世界一流大学建设的整体设计，通过对自主招生技术公平问题的解决，真正实现具有本土特色、符合中国国情、面向高校未来的中国高校自主招生技术体系。

参考文献

［1］王元伟．高校自主招生政策的利益分析［J］．现代教育科学，2009（2）：6－8.

［2］朱卫国，张玮．高校自主招生十年回顾与反思［J］．高等教育

管理，2012（9）：103－108.
［3］张晓鹏．我国高校自主招生改革若干问题的探讨［J］．复旦教育论坛，2006（3）：12－16.
［4］张万鹏，陆晓燕．从平均走向公正——以社会公正理论审视高校自主招生制度［J］．湖北招生考试，2006（4）：41.
［5］高建京，张维平．我国高校自主招生的程序悖谬及其匡正［J］．高校教育管理，2011（1）：53－56.
［6］鲍威．高校自主招生制度实施成效分析：公平性与效率性的视角［J］．教育发展研究，2012（10）：13.
［7］刘进，王静．公平与效率：高校自主招生的五大争论［J］．江苏高教，2009（5）：99－101.
［8］刘进，陈健，杜娟．弱势地区自主招生参与的公平问题研究［J］．高校教育管理，2016，10（3）：54－59.
［9］崔盛，吴秋翔．自主招生、学业表现和就业薪酬［J］．复旦教育论坛，2017，15（2）：101－107.
［10］《国家中长期教育改革和发展规划纲要（2010—2020年）》，http：//old. moe. gov. cn//publicfiles/business/htmlfiles/moe/moe_ 838/201008/93704. html.
［11］《中共中央关于全面深化改革若干重大问题的决定》，http：//www. gov. cn/jrzg/2013－11/15/content_ 2528179. htm.
［12］《关于深化考试招生制度改革的实施意见》，http：//www. gov. cn/zhengce/content/2014－09/04/content_ 9065. htm.

2 自主招生4.0：重要转向

自主招生制度经过多轮改革，从零散到系统、从混沌到清晰、从动荡到稳定，正步入改革的第四阶段。在此阶段，无论是招生理念、招生模式、招生技术，还是招生的公平保障体系、招生的效益提升，以及自主招生与传统招考制度的衔接等都面临新的变化。然而当前，学术界与理论界对此种变化的关注不足、理解不深，对各类可能发生的问题准备不够。为了更清晰地探讨中国自主招生改革的现实问题与未来改革方向，本课题组尝试对自主招生政策进行阶段划分，以此更深入地探讨自主招生下一阶段改革的主要问题、特征和未来转向。

一、渐进的自主招生改革：从1.0到3.0

本课题组认为，自主招生改革按照时间先后和改革内容，大致可以分为以下3个阶段：

（一）自主招生1.0：从无序到竞争

2003年，北京大学等22所高校正式开启高校自主选拔录取招生制度改革（简称“自主招生”），明确强调以高校为中心，尊重高校自主办学权、差异化和多样化遴选人才的自主招生改革正式拉开序幕。关于此次改革的背景，学术界大致有两种判断：一种判断认为，该项自主招生改革是应对传统保送制度弊端而临危受命之举；另一种判断认为，该项自主招生改革是20世纪末期基于高校办学市场化前期试点在招生方面的改革延伸。但无论从何种动机上讲，2003 年开启的自主招生改革都具有里程碑意义，其既大大不同于历次以考试科目、考试内容等为改革目标的全国性或地区性招生制度改革，也不同于在传统高考制度之外，围绕推荐免试入学、各类高考加分等补充性的招考制度改革设计。无论从改革理念、涉及范围，还是社会影响方面，2003 年开启的自主招生改革都超越了历次高考改革。在自主招生 1.0 阶段，虽然自主招生的重要意义极为凸显，但也恰与任何新生事物一样，该阶段自主招生改革总体上是无序的，这主要体现在以下几个方面。

一是改革理念动荡。该时期自主招生试点高校天然地分成了三种改革态度，第一种是“激进式”改革态度。一些高校热烈拥抱自主招生制度改革，希望在政策允许范围内，最大政策限度、最大数量比例、最高自主权限地进行自主招生人才选拔。第二种是“消极式”改革态度。一些高校怀有对自主招生这一新生事物的恐惧，但同时又担心如果放弃试点可能丧失改革机遇，尤其是担心与其他研究型大学拉开差距，因此这些高校谨小慎微、亦步亦趋，在最小化程度上推进自主招生改革。相比而言，更大多数的高校属于第三种，即“围观派”改革态度，这些高校介于上述两种改革态度之间，迎风而动、不紧不慢、随波逐流。在改革初期，大多数的高校自主招生方案是高度类似的，它们主要都是第三类高校。以上三种对待自主招生改革的态度差异，反映出自主招生 1.0 时代，该种招生制度，从无到有的发展过程中，不同高校基于对中国高校招生制度改革的不同理解所形成的招生理念的差异。该种差异不仅体现在上述对待招生制度欢迎与否上，更体现在各高校具体的招生简章设定、招生流程设计以及招生结果上。

二是招生标准动荡。不同高校面对自主招生这一新生事物，在具体的招生标准设定上也可以分为三种类型。第一种是“后竞赛式”招生标准，一些高校在各类传统竞赛的基础上，继续遵循“偏、难、怪”的招生思路，进行自主招生人才选拔。第二种是“后高考式”招生标准，一些高校认为自主招生是高考的延续，因此继续依托高中阶段的知识体系，遵循高考命题的基本规律，只是在学科交叉、创新性、灵活性等方面试图有所突破。第三种是“大破大立”式招生标准，一些高校尝试彻底摆脱高中教育的知识体系和人才选拔考核方法，试图完全重构符合高校创新型人才选拔标准的招生选拔体系。各高校自主招生标准的动荡，不仅体现在上述招生命题导向上，也体现在各高校的自主招生报名门槛设置上。比如，在该时期，一些学校仍然将传统奥林匹克竞赛、省级三好学生、发明获奖等传统保送生标准，或高考加分标准，直接作为自主招生的报名门槛，而另一些高校则已经开始尝试将自主招生与本校特色相结合，制定出差异化的自主招生报名门槛条件。

三是选拔技术动荡。传统高考制度具有强大的政策惯性，被认为是具有高度科学化水平、运行流畅的人才选拔系统。相比而言，自主招生制度设计突然向高校大幅释放招生权限，而不同高校在招生技术方面却参差不齐，形成了选拔技术上的动荡。比如，在报名组织的技术环节，一些高校坚持全过程独立报名、独立审核，而另一些高校（尤其是著名高校）因突如其来的巨大招生材料审核工作量，则部分放权到中学，由中学进行人才初选后再由高校进行资格筛查。再比如，在自主招生宣传的技术环节，一些高校坚持继续使用传统的高考宣传渠道和技术，另一些高校则直接进入中学通过专题活动开展自主招生宣传，一定程度上造成了中学招生宣传的混乱。早期自主招生试点高校技术上的动荡，还广泛存在于自主招生笔试、面试等诸多方面。

自主招生 1.0 时期，自主招生改革的积极意义在于，高校招生竞争全面开展。重点高校从传统的“皇帝女儿不愁嫁”的被动招生思维，逐渐向“酒香也怕巷子深”的主动竞争生源思维转变。该种转变至少体现在 3 个方面：一是从批量化选材向个性化选材的转变。在此阶段，各高校从主要由教育行政主管部门包办招生录取活动到高校自行选材转变；从按高考分数选材到多元能力选材转变；从面向过去的学业成就选材到面向未来的发展潜质选材转变。这些转变的背后，都是高校尤其是重点高校主动或被动参与到人才竞争中的重要体现。二是从一维选材向多维选材的转变。在此阶段，高校从以智力为核心选拔标准的一元选材、标准化考试选材思路，逐渐向“标准化考试+能力特长”的多元选材模式过渡，这在很大程度上形成了对各高校人才选拔理念、人才选拔专业化能力的竞争。三是从分数竞争向生源地中学竞争的转变。在此阶段，各高校生源竞争逐渐白热化，不断出现高校之间互相“攻城略地”的现象，基本操作便是高校尝试与重点中学、主要生源基地建立起更紧密联系，直接面向“好中学”争夺“好学生”。

总体而言，自主招生1.0时期是自主招生改革的破土阶段，是中国高校招生制度改革由统一到分裂，由僵化竞争到灵活竞争，由内容改革向理念变革的重要突破，在此过程中出现的上述动荡格局，及其他各类自主招生具体问题都属于正常情况。自主招生1.0时期自2003年开始，一直持续了相当长时间，在此期间上述动荡竞争格局未有本质性变化，但参与试点的高校数量却稳步增加，从事实上肯定了自主招生改革的整体方向。

（二）自主招生2.0：深化与结盟

经过了一段时间的改革与试点，自主招生改革初期面临的无材可选、推良不推优、考试组织不成熟等问题逐渐得到缓解，自主招生改革进入2.0阶段。这一阶段的核心表征是：高校开始有意识地争取和落实办学自主权，高校从理念到技术层面，更为有效地开展符合本校要求的人才选拔活动。这至少体现在以下两个方面。

一方面，是上海地区自主招生改革。这一时期，尤其以上海地区的高校自主招生试点改革为风向标。以复旦大学、上海交通大学等为代表的上海地区多所著名高校，开始深化自主招生与传统高考在人才选拔方面的不同分工。一些上海高校在自主招生录取比例上不断突破，大大超过自主招生1.0时期教育行政主管部门划定的原则比例（5%）；一些上海高校重新定位自主招生和传统高考的不同分工，试图将传统高考作为人才选拔的一般标准，将自主招生作为人才选拔的高级标准，试图将自主招生降分录取权限向一本线甚至一本线以下突破，真正赋予高校完全自主选拔生源的招生权限；一些上海高校尝试探索个性化的人才选拔方式与技术，开始形成品牌化的自主招生人才选拔活动（如复旦大学的“博雅杯”作文竞赛）。上海地区的自主招生改革深化，得到了教育行政主管部门的默许，也得到了全国高教界的广泛响应，显示出自主招生强大的生命力与改革潜力。在此阶段，受自主招生改革热潮的影响，高等教育领域一些非教育部自主招生改革试点的本科院校，也大量宣布自行开展自主招生试点；一些面临生源匮乏的高职高专院校，则寄希望于以自主招生取代传统高考，通过注册入学缓解生源危机。该种影响甚至开始向中等教育阶段延伸，自主招生的“多米诺骨牌”效应逐渐显现，一些高级中学甚至开始在中考环节试点自主招生。

另一方面，是高校自主招生结盟时代的到来。为克服1.0时期各高校无序竞争、人才选拔科学化程度低、扰乱中学正常教学秩序等问题，并有效降低自主招生成本，中国高校自主招生联盟在这一阶段逐渐形成。其核心是四大联盟：一是以北京大学为代表的“北约联盟”，二是以清华大学为代表的“华约联盟”，三是以北京理工大学为代表的“卓越联盟”，四是以北京科技大学等为代表的“京派联盟”。这一时期，近一半的自主招生试点高校都加入各类联盟。该时期，部分学者预测中国高校自主招生联盟很有可能从各独立联盟向类似中国台湾地区大联考（大联盟）转变，但事实并非如此，在自主招生2.0阶段末期，上述联盟纷纷瓦解，或彻底解散，或转为以教学、科研为主要功能的其他联盟。其核心原因，一方面在于教育行政主管部门的引导，另一方面在于联盟高校内部差异化的招生理念难以调和，联盟内部生源竞争矛盾也较难调和。虽然自主招生联盟最终走向瓦解，但自主招生联盟的形成却大大推进了高校自主招生改革进程，既大幅提升了自主招生人才选拔的科学化水平，又帮助高校将无序竞争变为可控竞争。本课题组对比了该时期各联盟的自主招生试题与非联盟高校命制的自主招生试题，发现前者在命题导向、能力结构、试题科学性、实测信效度等方面都大大好于后者。

总体而言，自主招生2.0时期，是自主招生改革开始以来最重要的阶段，高校逐渐放弃了1.0时期对自主招生改革的不安、惶恐与观望，真正开始了更为有效的自主招生组织。但也恰在这一时期，由于改革步伐的迅速加大，导致大量自主招生问题显露，致使自主招生改革并未向理论界和实践界所预期的方向发展，自主招生改革由此进入第三阶段。

（三）自主招生3.0：理性与回归

伴随着各类自主招生联盟的瓦解，尤其是中国人民大学自主招生腐败弊案的发生，中国的自主招生改革逐渐进入低潮期，理性回归是自主招生3.0阶段的显著特征。一方面，高校开始更为严格、更为刚性地设定自主招生报名门槛，并大幅缩紧自主招生比例。一些高校开始梳理并剔除容易造成混乱的自主招生报名条件，大多数高校只保留了少数刚性条件作为自主招生报名门槛，一些特色型高校或行业型高校（如中医药类）也逐渐推动各类特色型报名门槛的标准化，一些高校从自主招生2.0时期远超5%的招生比例，逐渐降低到5%甚至更低比例，一些高校则上调了自主招生录取控制线。另一方面，不同高校之间开始出现差异化的自主招生改革方向。北京大学、清华大学两所高校继续大比例、高强度推行自主招生改革，而绝大多数试点高校则原地踏步或进行改革收缩。从自主招生2.0时期到3.0时期，还出现了显著的"招生倒挂"格局，即著名高校降分幅度甚至可能大大高于其他高校。如，北京大学、清华大学、浙江大学等高校对最优秀学生往往可降低至一本线录取，而其他一些普通985高校降分幅度则反而在20~40分范围徘徊，这种"招生倒挂"现象滋生了自主招生的某些问题，因为一些高校即使同样降至一本线却也在自主招生录取中处于被动地位。比如，湖北省武汉市7所自主招生试点的211高校，全部都承诺对最优学生降低至一本线录取，但此种条件下，显然中国地质大学、华中师范大学等高校无法有效地与华中科技大学、武汉大学两所著名的985高校展开自主招生生源竞争。

自主招生3.0时期，各高校在自主招生细节设计方面仍然不断进步，北京大学、清华大学等高校的自主招生简章已非常完善，教育部做出的将自主招生考试放置于高考之后的政策调整，也使自主招生制度更具人性化。此外，这一时期，自主招生制度与传统高考制度的衔接更为紧密，自主招生制度逐步成为传统高考之外最重要的人才招录形式，自主招生学生入校以后融入正常人才培养体系的通道也更为畅通。总体而言，自主招生3.0时期是对上一阶段自主招生改革相关问题的及时修正，并为下一阶段面向“双一流”建设、面向新一轮更深层次的高校招生制度改革进行了准备。

二、自主招生4.0：关键改变

在新时期“双一流”建设的时代背景下，面向现代招生制度要求，中国高校招生制度改革的理念、方法与技术都将集中体现在自主招生改革领域。自主招生改革也将延续前三阶段的总体特征，顺应时代潮流在关键方面寻求改革突破。本课题组认为，自主招生4.0时代的特征应至少包含以下几个方面。

一是自主招生制度应逐渐走向定型。自主招生4.0与“双一流”建设及新一轮更深层次的高校招生制度改革（“新高考”改革）相伴相随，预计到“十三五”末期，按照《国家中长期教育改革和发展规划纲要（2010—2020年）》的总体设想，中国应逐渐形成系统完备的自主招生制度，当然也有观点认为，自主招生改革已经完成历史使命，将逐步退出历史舞台。本研究认为，无论是否继续保留自主招生名称，自主招生改革的某些精神内核已经逐渐融入了当前的新高考制度改革，不排除在3.0阶段之后结束自主招生改革，但新高考仍然应部分保留自主招生好的理念与做法。尤其是在“双一流”建设过程中，自主招生需要持续发力，为进一步贯彻落实高校办学自主权，提升高校招生科学化水平，遴选和输送世界一流大学后备人才继续发挥作用。因此，自主招生4.0将横跨“十三五”和“双一流”建设初期，在相当长的一段历史时期内，逐步实现这一招生制度从试点到定型，从少数重点高校试点到普适性推广，从传统高考的补充形式到新型考试制度的核心人才选拔方式转变。

二是自主招生改革争议应逐渐弱化。作为招生考试制度改革的重大突破，自主招生改革的前三个阶段都饱受非议，尤其是自主招生3.0时期，因舞弊等行为再度大范围出现取消自主招生的呼声。但客观上讲，自主招生改革之于中国整体的招生制度改革利大于弊，前期所呈现的问题和困难具有阶段性。“十三五”时期，自主招生改革更趋于稳健，尤其是更好地实现了公平与科学、公平与效率的结合，更好地实现了与传统高考尤其是与新的招生考试制度的融合，为自主招生4.0时期做了很好的铺垫。自主招生4.0时期应尽可能弱化改革争议，结束该项长达十余年的改革试点，用正式的自主招生制度取代各项改革试点；应将自主招生制度正式纳入中国考试制度大家庭；应将自主招生制度推广成为主流的招生考试制度，或彻底取消自主招生称谓，而将自主招生的某些精神内核融入新高考制度之中。

三是应逐渐实现从理念公平到技术公平的转变。自主招生4.0时期，应更加凸显自主招生制度的公平监测与公平保障；应从宏观与中观层面上的公平讨论，逐渐深化到对各项具体自主招生技术的公平论证；应继续淡化自主招生的公平内涵与外延争议、公平与效率的优先次序争议，逐渐实现从“要不要公平”到“如何全方位保障公平”尤其是“如何进行弱势群体公平补偿”的重要转变；应通过技术公平的各项举措，不断提高自主招生公平的可信度与好评度。

四是科学化水平应不断提升。自主招生4.0时期，应形成一定当量、具有科学化保障的笔试与面试考试制度。应在试题库建设、命题专家遴选、多元智能能力标准认定等方面实现更大突破。应促进自主招生考试与普通高考的有机融合；应实现由普通高考承担更多智力任务、由自主招生承担更多非智力考查任务的职能分工；应实现自主招生多元能力考核从测试向其他类型考核方式的转变，实现从短期应激式考查向长期“档案袋式”考查的转变；应通过自主招生与传统高考人才考核标准的进一步凝练，更深层次地影响教育上游阶段的人才培养活动；特别是，应更大程度地破除应试教育对中等教育的不良干预。自主招生制度在4.0时期，也应在多元能力承认方面赋予该项招生制度更多的公平内涵，改革传统自主招生命题过度偏向城市话语、更有利于强势社会阶层的不公平现状。

五是应推动形成更多教育接口。自主招生4.0时期，应在继续推进自主招生与传统高考衔接的同时，继续推进自主招生与以浙江、上海为代表的新高考制度改革的有机结合，应实现更大范围、更深程度的各类考试制度融合。比如，应实现自主招生学生入校后的培养，与高校人才培养制度的更深层次的融合。以教育行政主管部门最新推行的新工科建设为例，类似的新型产业人才培养，应逐步由新型招生考试制度提供合格生源。再如，自主招生4.0改革也应扮演中国高校招生制度与他国高校招生制度的融合角色。传统欧美世界一流大学在中国的生源招录，更多依据的是欧美国家现行的标准化考试（如美国的SAT考试），但是，近年来西方学界开始反思本国考试招录方法对于国际学生尤其是中国学生的信效度问题，开始尝试增强对中国本土考试制度（高考）的认同。进入自主招生4.0时期，自主招生应扮演“国际学生招生”角色，促进中国合格生源的国际化输出。此外，4.0时期自主招生制度的接口作用，还可能体现在重点高校与普通高校的生源分流、高校招生与中考招生的衔接等方面。

三、面向自主招生4.0的未来改革建议

像学术界历次对于自主招生走向的预测一样，理论预测与实践操作可能存在一定误差。本书对于自主招生的阶段划分，尤其是对于自主招生4.0时期的预测仍有待实践检验。但与此同时，上述关于自主招生4.0时期的特征表述仍具有现实可能性。如能顺利实现中国高校自主招生改革从3.0向4.0阶段迈进，中国高校招生制度改革将迈出更加坚实的一步。因此，本课题组认为，进一步深化高校自主招生制度改革，需要至少在以下3个方面提早布局，及时谋划。

一是科学开展自主招生试点的各项政策影响评估。在中国，类似于自主招生制度、跨度长达十余年的教育改革试点十分罕见。自主招生改革不应拖而不决、试而不推，应及时组织相关力量，科学化做出自主招生政策的试点效果评估。评估可以围绕招生效益、教育效益和社会效益三个主要方面展开，围绕自主招生的公平、科学、效率三个主要方面进行观测，围绕自主招生政策成本、制度成本、社会成本进行成本分析，围绕自主招生活动中高校、中学、学生、政府等利益相关者进行满意度评估，围绕自主招生与多元智能理论的吻合程度、与世界同类型招生制度改革方向的趋同程度、与全球前沿的招生考试技术的匹配程度等方面进行总体评估，以及围绕中国的考试历史、考试文化和未来的总体改革方略进行综合评估。

二是有效开展刚性与柔性的自主招生制度建设。作为与传统高考人才招录存在本质差异的招考制度，自主招生改革自1.0时期至今，都面临着强大的制度阻力。能否顺利实现从3.0向4.0时期的过渡，能否最大限度凸显上述4.0时期的改革目标，关键在于自主招生的制度建设。在刚性制度建设方面，教育行政主管部门应继续围绕自主招生的制度规律，借鉴全球先进的招生制度经验，尤其是要围绕自主招生公平保障的目标要求，形成制度举措，扎紧制度篱笆，降低腐败和寻租空间，营造风清气正的自主招生制度环境。在柔性制度方面，应继续凸显自主招生“不拘一格选人才”的制度特性，增强人文关怀，营造多元成材的制度理念，解放高校和中学的思想负担，宽容自主招生改革的舆论监督，通过柔性的制度建设黏合好自主招生与传统高考的衔接点。

三是做好自主招生改革的各项保障。自主招生1.0到3.0时期，大量问题逐渐显现，根源之一在于各类保障不足，包括招生成本的补偿、专业招生力量的组建，以及各类政策保障的缺失等。平稳推进自主招生向4.0时期迈进，需要重点在各项基础保障上下功夫。一方面，是自主招生制度的一般性保障，要公平对待自主招生和传统高考在各类保障的投入；另一方面，要凸显自主招生与传统高考的差异，在某些方面单独对自主招生改革提供转向保障，比如自主招生宣传渠道的保障、宣传成本的保障等。

本课题组自2007年至今连续十余年关注自主招生改革问题，关于自主招生阶段划分或阶段特征的判断，更多基于较长历史时期的综合观察。即便如此，作为一种动态变化中的新生事物，中国高校自主招生试点仍存在较大的不确定性，本书对于自主招生4.0时期诸多特征的预期也可能具有一定的研究局限性，在此仅抛砖引玉以飨读者。

参考文献

[1] 刘进. 中国高校自主招生公平问题研究 [M]. 北京理工大学出版社，2015.

[2] 熊贤君. 20世纪上半叶中国高校自主招生的回顾 [J]. 教育研究与实验，2001 (4)：39－42.

[3] 佚名. 复旦“博雅杯”人文知识竞赛，一本书就能上复旦? [J]. 求学，2009 (1)：3.

[4] 林静. 台湾高考招生制度沿革 [J]. 教育周刊，2006 (10X)：46.

3　自主招生的价值漂移及其修正

相比历次高考制度改革，自主招生实现了在招生价值理念层面的根本性变化，其核心是从一元智力选材向多元能力选材的理念转变。与此同时，自主招生制度设计在具体改革推进环节却又出现了价值漂移现象，在部分根本性价值理念改革上出现了动摇。

一、自主招生制度的价值定位

相比于传统高考制度，以及保送、降分录取等历次高考制度改革，高校自主招生改革的价值导向完全不同。自主招生的价值设定更多遵循多元智能理论，更多围绕多元选材、多元成材而展开，更多强调对高校办学自主权落实、中学素质教育推进、人才招录观念更新，以及整个教育公平理念的凸显。

自主招生与传统高考的价值设定，既存在相同之处，也存在显著差异。相同之处在于，作为一项招生活动、教育活动乃至社会活动，自主招生与传统高考类似，都具有重要的价值引领意义，具有向上游和下游教育环节进行价值传导的重要作用，也具有保障教育公平、促进科学化人才招录的现实意义。而且与传统高考相类似，自主招生虽然被认为具有高度自主性特征，但其价值设定也是以较为刚性的科学选材、公平选材为前提的。

自主招生与传统高考的价值设定也存在天然差异。首先，自主招生凸显了多元选材的价值理念。自主招生不拘于对学生智力价值的认同，而是拓宽到对学生智力、非智力多元价值的考查。其次，自主招生制度设计的价值预期与传统高考不同。自主招生不再仅仅追求传统高考的学生各科目均衡发展，而是开始承认学生的个体性差异，试图通过有效的制度设计，提升在某些方面确有专长或客观上存在偏科现象的学生的入学机会。最后，自主招生制度设计凸显了高校的校本特征和利益诉求，高校自身的价值与办学理念，可以通过自主招生人才招录活动得以彰显。

具体来说，自主招生制度设计的价值定位至少包含以下 4 个方面：

一是贯彻落实高校办学自主权，有效促进高校生源竞争。自主招生制度设计打破了传统高考“按分录取、从高到低、从重点高校到一般高校”的简单化的生源招录模式，开始强化高校的个性化招生行为。其本质，是贯彻落实高校在招生领域的办学自主权。其结果，是促成了各高校在招生环节的有效竞争。以开放竞争为导向的自主招生价值设定，逐步打破了传统高校招生制度设计的历史惯性，改变了高校招生活动的路径依赖，激活了高校招生的竞争环境。该种价值设定，体现在制度与政策层面，就是形成了高校个性化的招生简章，允许高校按照自身办学目标、校本特征、历史传承、人才培养方向等进行人才招录活动。在具体的改革历程中，从 2003 年各高校相对一致的自主招生简章，到当前各高校极具差异化的自主招生简章，显示出各试点学校已经基本走完了在招生环节落实办学自主权的改革实践。举例来说，对比 2017 年清华大学与北京大学自主招生简章可以发现，同为中国顶级的研究型大学，两校在对自主招生人才界定、人才招录目标、人才招录流程设计等方面却存在很大差异，而这些差异正是两校凸显自身特色、落实招生自主权的现实体现。

二是推进中学素质教育，有效促进多元成材理念在中等教育及上游教育环节的传递。相比于广受诟病的以应试教育为导向、以标准化测试为手段、以单纯智力考核为结果的传统高考招生制度，自主招生制度的价值设定，更多肩负着推进素质教育、扭转中小学人才培养传统目标导向的历史重任。自主招生的制度设计，虽然不能彻底改变中学以高考结果为导向的传统惯性，却可以瓦解至少是部分瓦解传统应试教育文化，形成类似“多米诺骨牌”效应的价值传导机制，对更多上游教育环节发挥价值引领作用。在自主招生改革试点前期，各高校通过进入中学宣讲、新闻媒体报道等途径，已经部分促成了多元选材的自主招生价值理念向全社会传播。在自主招生改革的中后期，随着试点高校的不断增多，自主招生降分幅度的不断增大，自主招生招录方式的不断更新，对于一些中学，尤其是参与自主招生活动较多的重点中学来说，这些中学的办学理念已经发生了重要转变。比如，一些高级中学已经开始逐步树立起学生多元成材的基本理念，这些中学主动与高校对接，在高中阶段开设部分大学前置课程。一些中学甚至已经在中考阶段就引入了自主招生模式。

三是促进学生多元能力培养和综合能力提升，输送更加符合“双一流”建设的合格生源。自主招生改革试点初期，高校和中学普遍反映存在无材可选、无材可推的尴尬局面，这客观反映出长期以来以应试教育为主导的中学人才培养模式，扼杀学生特长、磨灭学生个性、摧残学生身心的不良影响已经非常严重，这在自主招生改革早期曾引发学术界有关如何通过自主招生改革“不拘一格选人才”的大量讨论。自主招生制度的价值设定，将学生的多元成材、学生的综合发展尤其是学生的个性发展，摆在了突出位置，试图通过制度设计和价值引领，扭转传统学生选拔和人才培养的错误理念。而且，自主招生试点一开始就在多元成材方面进行了价值设定，努力避免出现“非左即右”的价值误区，即自主招生制度虽然不拘一格选材，但也并不是专门面向“偏才”“怪才”的选拔。上述价值设定，在很大程度上防止了自主招生制度设计向以传统奥赛为代表的偏、难、怪方向发展。经过一段时间的改革试点，自主招生制度对于人才选拔标准的价值设定已经深入人心，比如，一些中学已经按照自主招生价值标准，逐渐形成提升学生能力特长的课程体系。而从更根本的意义上来看，自主招生制度关于学生多元成材的价值设定，恰是中国“双一流”建设的关键生源保障，通过自主招生，促进多元化人才的培养选拔和输送，从根本上保障了高等教育阶段的合格生源基础，这为“双一流”建设提供了生源保障。

四是保障教育公平，促进弱势群体的自主招生参与。自主招生改革进入一定的历史阶段之后，教育行政主管部门开始明确提出了“有利于教育公平”的价值设定，这确保了自主招生“不拘一格选人才”的同时，也保障了社会公平和正义。事实上，当自主招生改革达到一定体量和影响之后，其公平问题必然不断凸显，自主招生公平保障必然成为该项制度改革的关键议题。自主招生的公平价值设定，在中国招生考试制度改革的大背景下，确立了自主招生制度改革的现实合法性，这也是自主招生改革不断向前推进的民意基础。与此同时，自主招生公平的价值设定，对中国传统的教育公平理念转变也具有引领意义，因为自主招生公平的价值目标，并非强调招生名额投放的平均主义，而是凸显了制度设计在起点公平、过程公平方面的有效保障，更多的是旨在通过制度设计，营造适合所有候选人参与的公平环境。其中，教育行政主管部门的角色也发生了根本性转变，从传统高考的主导者，变为自主招生制度运行的公平监督者。总体而言，自主招生公平的价值设定来之不易，经历了由混沌到明晰的渐变过程，从早期关于自主招生“要不要公平”的价值争议，到当前“如何更有效保障自主招生公平”的价值讨论，逐步实现了自主招生公平价值设定的内化与深化。举例来说，一些高校在自主招生改革试点早期，往往忽略了对弱势群体自主招生参与的政策设计，但经过一段时间的改革试点，目前各高校已逐渐增加了对于弱势群体自主招生参与的各类政策保障，部分高校还对弱势群体提供了自主招生参与的公平补偿（如部分分担弱势群体学生自主招生参与的成本）。

二、自主招生制度的价值漂移

自 2003 年以来，在较长时期的自主招生试点过程中，自主招生制度的价值设定不断发生着变化，本课题组称之为自主招生制度的价值漂移。

该种价值漂移，既可以从积极的方面来看待，即自主招生价值理念的不断变化，恰是自主招生改革不断适应中国招生考试制度环境的价值修正；也可以从消极的方面来看待，即自主招生制度改革在一定程度上偏离了最初的价值导向，其价值漂移可以认为是自主招生改革面向现实制度环境的某种妥协。

具体来说，自主招生制度的价值漂移，至少体现在两个方面：

一方面，是自主招生制度的正向价值漂移。由于自主招生制度本身在价值设定方面存在局限，以及中国高等教育制度环境的不断发展变化，自主招生制度的价值设定可能存在“短视效应”，可能导致制度运行过程中早期的价值设定与实际情况不符，为此自主招生制度的价值设定逐渐发生了改变。该种改变可视为自主招生制度面向现实环境的积极的价值调试，其结果是促进了自主招生制度更好地与中国高等教育实际相联系，更顺畅地促进自主招生活动的有效开展，降低了自主招生制度的运行成本。总体而言，该种价值调试，更有利于自主招生制度价值目标的达成，可以认为是种正向的“价值漂移”。

具体来看，正向的自主招生价值漂移，可能包含以下方面：一是对公平价值理念的凸显与维护。自主招生改革试点早期，缺乏对于教育公平价值理念的足够关注，这引发了学术界和实践界的广泛争议（其中更多的是批评）。经历了一段时间的自主招生改革运行之后，教育行政主管部门主动加入了自主招生应“有利于促进教育公平”的价值目标设定，实现了自主招生制度的正向价值漂移，也通过该种价值转向，进一步形成了较好的自主招生改革民意基础。二是对高校自身办学价值导向的凸显。早期的自主招生制度价值设定，包含了落实高校办学自主权的明确价值取向，虽然如此，其中关于高校应如何将自主招生与高校其他价值目标（如人才培养的价值目标）有机结合，仍然缺乏明确的价值引导。在自主招生改革具体推进过程中，各高校通过自主招生逐渐打破了传统的校际招生平衡格局，各高校更为有效地实现了校本特色与自主招生的价值衔接。比如，近年来各高校将世界一流大学的建设目标与自主招生价值理念进行了融合，各高校逐渐形成了“一校一理念”的自主招生校本价值理念，凸显了学校的办学特色，这是一种积极的自主招生价值漂移。举例来说，因自主招生而形成的“卓越高校联盟”，近年来已经逐渐从自主招生领域的联盟拓展到人才培养等其他领域的合作。三是招考组织与招考技术的价值漂移。自主招生制度的价值设定，原本是以各高校为单一载体的，但一段时间的改革试点后，中国出现了高校自主招生联盟，这大大提升了自主招生招考组织和招录技术的科学化水平，当前各联盟虽已废止，但客观上却推动了自主招生改革在科学化道路上的不断前进，这些新的招考组织价值理念、招考技术价值理念，经过沉淀后也融入了自主招生改革的总体价值理念之中，这也是正向价值漂移。

另一方面，是自主招生制度的负向价值漂移。自主招生作为新生事物，其在政策实施过程中必然会改变传统的招生利益格局，面临各类反对力量的阻碍，并在推进过程中逐渐妥协，丧失或部分丧失改革初衷，此外自主招生改革也可能因为技术局限等原因，逐渐被传统的招考方式侵蚀，出现“新瓶装旧酒”等现象，抑制了改革努力，甚至改变了改革方向，类似问题都可视为是自主招生改革的负向价值漂移。举例来说，自主招生多维度地开展学生能力特长认定的价值目标，在执行过程中，逐渐变成了由学生自荐、学校推荐和他人推荐等具体操作环节，由于相关推荐材料的真实性等存在显著问题，这就可能有悖于自主招生制度设计的价值初衷，最终这些自荐或推荐环节被沦为形式，未达到自主招生改革的价值预期，形成了负向的价值漂移。再比如，一些高校在自主招生报名门槛的设定环节，近年来出现了从刚性到柔性再到刚性的多轮转换，这也是某种程度的负向价值漂移。自主招生改革试点的 15 年间，负向的价值漂移还有很多。比如，自主招生试点初期，中学被引入自主招生人才初选环节，部分承担起了自主招生人才初选和推荐责任，这降低了自主招生在落实高校办学自主权方面的价值预期，因此也应属于负向的价值漂移。

三、自主招生制度的价值回归

应该说，自主招生的制度设计，经过正向或负向的价值漂移，不断形成新的价值体系，这可能使自主招生在某种程度上偏离了其改革初衷，但也可能在某种程度上增加了自主招生价值设定的合理性与现实性。上述正向与负向的价值漂移，均可视为自主招生制度在试点过程中的塑型与定型过程。在下一步的改革实践过程中，教育行政主管部门应更加系统地梳理各类自主招生价值漂移现象、问题与原因，应鼓励正向的价值漂移，抑制负向的价值漂移。

在理念层面，应树立底线思维，对自主招生制度的核心价值理念必须予以坚持。对可能产生消极影响的负向价值漂移要高度警惕，做好防范并及时予以回应。对符合自主招生制度改革实际、符合中国高校招生与高等教育发展趋势、具有现实合理性的正向价值漂移，要及时梳理，大力提倡，并有效提炼，使之进入自主招生制度的价值体系。

在技术层面，要将自主招生制度的价值理念进行分解，要及时开展自主招生制度的价值评估。要引入第三方研究力量，分阶段开展自主招生政策试点目标的有效性评价，要对各类可能有悖于自主招生价值设定初衷的招生技术进行调整。要通过评估，对试图挑战自主招生制度核心价值底线的行为进行发现和纠正。

参考文献

［1］代客．多元智能理论对高校自主招生的捍卫［J］．科技展望，2014（22），252.

［2］2017 年清华大学自主招生简章，http：//www.51gaoxiao.com/zizhu/zhaosheng/98419.html.

［3］2017 年北京大学自主招生简章，http：//www.51gaoxiao.com/zizhu/zhaosheng/98608.html.

［4］杨晴，叶芃，刘进．我国自主选拔录取制度的多米诺正负效应［J］．化工高等教育，2009，26（6）：5－9.

［5］刘丹．上海48所实验示范高中尝试自主招生［J］．基础教育课程，2007（6）：63－64.

［6］唐安国，李小波．不拘一格选人才——从复旦、交大的招生改革谈我国高考制度改革的趋向［J］．复旦教育论坛，2006，4（3）：5－7.

［7］刘强，赵中园．高校青年教师职业生涯发展影响因素实证研究——基于“卓越联盟”九所高校的调查分析［J］．西安电子科技大学学报（社会科学版），2013，23（6）：177－183.

4 高校自主招生的成本分析与控制

相比于传统高考，自主招生制度改革主体更为多元、内容更为多样、流程更为复杂，相应地，其制度成本也更高。高校自主招生制度改革应树立成本意识，加强成本监控，降低运行成本，提升制度效率。从研究角度来看，尤其应开展科学化的成本分析。

一、高校自主招生制度的成本分析

自主招生成本，既包含制度成本也包含技术成本。所谓制度成本，即自主招生制度改革本身所涉及的制度运行保障成本，以及制度改革的机会成本。所谓技术成本，则指的是自主招生制度具体运行过程中，各参与主体直接或间接的货币性支出。

（一）自主招生的制度成本

相比于以标准化考试为核心的传统高考，高校自主招生的制度成本更高，主要原因在于：第一，自主招生制度设计更为复杂。自主招生制度设计包含从招生宣传、报名组织、笔试面试，到结果认定与公示、与传统高考匹配协作开展录取活动等大量环节，自主招生制度的流程设计高度复杂化，也带来了更高的制度成本。第二，自主招生制度的投入与产出比较高，导致生均人才选拔成本偏高。自主招生制度的流程设计复杂，但总体收益却较低，因为自主招生人才选拔活动只面向较小比例的候选人，最终通过自主招生途径录取的学生，通常只占各高校当年度招生计划数的5%左右，甚至很多高校达不到5%比例，因为部分获得自主招生录取的学生，其自身因未达到正常的自主招生高考录取参照线，导致其虽然通过自主招生录取但并未享受自主招生政策；另一些通过自主招生录取的学生，则在高考填报志愿环节“改变了注意”，并未填报被自主招生录取的高校；还有的通过自主招生录取的学生，其高考分数较高，即使不享受自主招生降分录取优惠，仍然可以成功考取相应高校。因此，如果剔除上述3种情况，真正计算自主招生制度投入与真实录取人数的比值，会发现自主招生制度的生均录取成本是较为高昂的。第三，自主招生制度设计机会成本也较大。从机会成本视角看，自主招生制度试点自2003年至今已近15年时间，是改革开放以来时间跨度最长、可能也是制度成本最大的招生制度改革试点，各自主招生参与主体都面临着较大的改革机会成本。比如，对于试点高校而言，高校在试行自主招生制度过程中，在人力、财力等方面，以及各类制度建设和政策研究等方面，都投入巨大；对于高中阶段的学生而言，为准备自主招生达到报考门槛，可能要经历长时间甚至数年的能力特长投入，可能会挤占传统课程的学习时间，因此也面临较大的机会成本；对于中学而言，一些中学大力开展了自主招生的政策宣传和相关教师、学生培训，投入了较多时间、精力和金钱，也形成了较大的机会成本。

此外，自主招生高昂的制度成本还体现在制度的运行监测、管理、控制、监督等多个方面。比如，自主招生运行涉及高校在安全保卫等方面的制度性成本支出；再比如，自主招生制度运行高度强调公平保障，因此还涉及对于制度本身的监督、反馈和整改等各类成本。

理论界与实践界高度重视自主招生政策本身，以及自主招生对招生制度改革的现实意义，却缺乏对自主招生制度运行成本的精细分析，缺乏成本核算。因此，当前自主招生制度到底在多高的成本水平上运行，理论界和实践界仍没有较为清晰的回答。但是自主招生制度运行成本是客观存在的，这从一些舆论报道中便可窥其一斑。比如，有报道显示，在自主招生制度试点早期，某高校当年度通过自主招生渠道录取的几十名学生中，只有一名学生真正享受了该校的自主招生降分录取政策，这意味着，该校长期以来大量的自主招生宣传、试题命制、考试组织、结果评定、录取活动，以及伴随其中的招生简章制定、能力特长甄别、为自主招生而增加的招生机构人员、自主招生专业化能力建设等大量成本投入，最终结果只有一名学生受益，显然该校的自主招生制度成本是相当高的。

制度层面的自主招生改革成本，往往很难进行货币化核算。这既与各类制度成本核算本身较难进行精确化计量有关（比如，上述高校的时间投入成本，学生放弃其他选择的机会成本等，就很难用货币形式统计），也与自主招生活动较难与高校其他办学活动相切割有关（比如，高校往往将高考和自主招生活动放在一起，二者的成本较难切割清晰）。虽然如此，学术界和实践界仍需要密切关注自主招生制度的运行成本问题，因为成本问题关乎自主招生制度改革的成败，一项招生制度改革如果制度运行成本过高，则可能使得该项招生制度改革的可持续性不足。

那么究竟应该如何科学计量自主招生的制度运行成本呢？本研究建议可以从两个维度展开成本分析：一是自主招生成本的分项列举，即逐项列出自主招生各项制度设计涉及的各类成本（不包含机会成本）；二是自主招生成本的比较分析，即将自主招生成本与中国传统高考成本进行类比分析，或者将中国自主招生成本与其他国家的招生考试制度成本进行类比分析，形成对于中国高校自主招生成本的大致判断。

（二）自主招生的技术成本

自主招生的技术成本主要涉及以下 3 个方面。

一是高校的自主招生技术成本。即高校在进行从招生宣传到学生录取各项自主招生活动组织过程中，所产生的货币性支出。高校自主招生技术成本是一种增量成本，是在传统高考制度之外高校为实施自主招生制度改革，单独产生的招生费用支出。目前，理论界与实践界对于高校开展自主招生活动的技术成本缺乏有效核算，这可能导致两方面问题，一是自主招生制度运行可能会“不计成本”，给高校造成一定的经济负担；二是可能存在高校在自主招生的某些方面成本投入过多而在另一些方面成本投入不足的问题，导致自主招生运行的科学化水平不高、公平保障不力等问题发生。总体来说，高校是自主招生制度运行技术成本的主要承担者，因此高校自主招生技术成本的分析核算不应是一笔“糊涂账”，而应遵循严格的财会制度，形成更加明细化的成本分析报告，并接受相关财务审计与监督。

二是学生及家长的自主招生技术成本。即学生和家长为有效参与自主招生活动而进行的货币性投入。这主要包含从资料购买、信息获取，到教育培训、应试支出在内的各类相关成本（不包含机会成本）。目前关于学生及家庭的自主招生成本投入，仍缺乏较为全面的调查统计。本课题组曾先后在 2011 年和 2015 年，两次对自主招生家长进行问卷调查，统计并分析学生及家长的自主招生参与成本，研究发现，学生和家长的自主招生成本投入总体是较大的，并且方差很大，显示出不同家庭的投入差异较大。中学生和家长对于自主招生制度已形成较大规模的货币投入，少则数百元，多则成千甚至上万元，成为教育支出的重要方面。调查还发现，自主招生可能涉及部分寻租等隐性成本，比如，部分学生和家长在“人情投入”方面都有不同程度的支出。除本课题组之外，一些新闻媒体报道也部分呈现出了学生和家长的自主招生成本投入，自主招生“天价班”问题已较为突出，一些考试培训机构打着社会中介机构的旗号，利用传统高考与自主招生考试中间仅有的几天时间，开设高价班攫取巨额利润，造成了部分自主招生学生和家长的应考成本增加。此外，自主招生学生和家长还面临大量不可货币化的应考成本，比如，学生和家长开展的大量自主招生能力特长应试准备成本，学生和家长花费的大量自主招生信息收集和整理成本等。

三是中学的自主招生技术成本。中学也客观上承担了部分自主招生的技术成本，但总体来说中学承担份额较低，部分中学还存在着技术成本投入不足的问题。中学对于自主招生制度运行的技术成本分担，主要在于信息宣传和学生初选等方面，部分中学帮助学生进行相关材料的准备工作，这也一定程度上增加了中学的自主招生成本投入。但总体来说，中学是各自主招生参与主体中投入最少甚至投入不足的参与主体，尤其是当前中学在自主招生政策与信息宣传方面存在严重不足。当前，仍非常缺乏刚性的中学自主招生成本投入的制度要求，一些中学是否开展自主招生宣传、如何开展自主招生宣传都具有很大的随意性，而且，往往恰是由于中学的招生宣传不足，导致大量学生被排除在自主招生制度之外。本课题组前期调研还显示，自主招生已经改革试点超过15年，但一些中学校长、教师、学生和家长对于自主招生政策的知晓程度仍然很低，这正是长期以来中学宣传成本投入不足的体现。与此同时，中学自主招生的投入不足，还体现在其在引导学生能力特长养成、开展学生能力特长评估方面的投入不足，一些中学长期以高考为指挥棒，以“分数GDP”为根本追求，缺乏对学生能力特长养成的基本成本投入，导致学生因为能力特长不足而无法有效参与自主招生活动；另一些中学则缺乏有关学生能力特长的有效监测，不熟悉甚至完全不清楚本校学生的能力特长状况，更有甚者故意在学生的自主招生申报材料中弄虚作假，究其本质，仍然是中学不愿意加强自主招生投入，无法形成与自主招生制度相匹配的技术环境导致的。

二、高校自主招生制度的成本控制

（一）自主招生制度成本的核算与控制

高校自主招生的制度成本略高于以标准化考试为代表的传统高考制度，原因在于，其个性化的考试模式、多样化的能力认定，以及系统化的选拔流程都导致人才选拔成本增加。与此同时，高校自主招生的制度成本也不应过高，否则可能导致其不可持续。

高校自主招生制度成本究竟是高还是低，需要进行科学的评估与认定。其基本标准在于生均自主招生成本的核算，即将高校招生相关制度成本按照最终自主招生录取结果进行成本分担，可量化的部分以量化数据为准，不可量化的部分通过替代性方案予以量化解决。

计算高校在自主招生制度参与中的制度成本时，可以将其与传统高考制度成本进行比较。生均劳动力投入方面，可用最终录取人数除以总劳动力人数进行计量。其中，部分指标需进行折算，例如，某高校高考年均录取新生4000名，该校招生部门全职工作人员10名，招生季参与分省招生宣传活动的兼职人员100名，工作约30天，可将兼职人数乘以月数除以12个月算作兼职人员的劳动力成本，最后与全职的10位招生人员成本相加，其招生效率则可表达为：新生人数/（折算兼职劳动力+全职劳动力），即4000/[（100×1）/12+10]。

自主招生的劳动力成本投入折算也可遵循相关公式，以科学比较自主招生与传统高考在高校劳动力成本指标上的现实差距。教育行政主管部门和相关研究学者，可根据科学化的研究计量结果，设定各项制度的成本区间，以避免自主招生政策在过高成本水平上运行。对于部分难以计量的制度成本，如机会成本，可运用经济学中关于机会成本的计量方式分类计算。本研究建议高校自主招生制度成本的各项分类指标应避免简单加权，而应分类地与传统高考成本进行比较。

此外，自主招生制度成本计算可用比较研究的方法。即根据上述分类计算自主招生制度成本进行中国自主招生制度成本评价时，其计算标尺应以发达国家现行、稳定的现代化招生录取模式的制度成本进行核算，而不应由教育行政主管部门和学者做出的成本价值判断为标尺。

与上述探讨中学层面自主招生技术成本投入不足类似，整个高校自主招生的制度成本投入也存在不足。因此，高校对于自主招生需要投入之处应坚决地予以投入，不能为了控制成本而降低必要性支出。比如，当前自主招生制度政策设计缺乏对弱势群体的关照，对这方面投入不足。西方发达国家的招生考试制度体系中，该类宣传成本占据制度成本的很大比例，比如英国高校招生服务中心（UCAS）年均投入大量经费为残疾学生提供高校和专业方面的咨询，并进行大量招生制度的宣传等活动。

（二）自主招生技术成本的核算与控制

关于自主招生技术成本的控制，应形成严格的货币化计算方法，并遵循会计学基本原理和要求，分门别类地进行成本核算。还应加强学生和家庭层面自主招生技术成本支出的相关研究。

目前学术界关于教育补习的研究刚刚开始，自主招生相关补习活动的技术成本研究尚未出现，存在研究盲点，无法及时发现自主招生制度改革可能对学生和家庭财富形成的现实影响。同样，关于高校、中学以及教育行政主管部门等在自主招生实际运行过程中的相关投入，也应加强相关研究与统计，并效仿上述关于自主招生制度成本的判断标准，继续以传统高考为蓝本进行比较研究。

通过将自主招生各项技术成本与传统高考相比较，或借鉴西方招生录取成本核算方式，并与中国自主招生制度的技术成本进行比较分析，是当前研究自主招生成本的主要渠道。在成本研究和成本控制的同时，应加强对技术成本投入不足的自主招生薄弱环节成本投入的监控与监管，应明确技术投入主体，应由教育行政主管部门加强引导，形成技术成本的分担机制。

三、从无序到有序：面向精细化成本的自主招生改革转向

作为新的高校招生录取制度改革，自主招生试点伊始缺乏成本意识、成本观念、成本分析与成本管理情有可原。制度试点初期，自主招生更注重寻求制度改革的突破，且涉及面相对较窄，覆盖人群相对较少，成本支出相对较低，因此，还未形成有效的成本意识和成本管理手段。但是，自主招生从制度试点到最终制度定型，需要对制度与政策进行影响评估，这就涉及对成本的分析与成本的管理设计。从无序到有序，从无成本意识到有成本分析，从成本过高到成本可控，这

是自主招生制度改革必须迈出的关键一步，也是自主招生制度定型前的核心一步。未来关于自主招生制度的成本分析与管理，仍需开展大量研究工作。

一是需要进一步明晰自主招生制度成本与技术成本的各项分类指标，参照会计管理相关专业方法形成成本明细目录。二是应搭建成本监控和数据收集平台，由自主招生参与主体共同进行成本管控。设计自主招生制度层面与技术层面各项具体事宜的内容体系，搭建相对完备的成本监测体系，运用信息化手段形成具有更新能力的数据系统，并由教育行政主管部门自行开展或购买相关服务，进行专业化的成本分析与动态公布。三是应加强自主招生制度运行的成本管理，应在清晰开展成本分析的基础上，组织研究力量和技术力量，从制度与政策的科学化设计角度进行成本管理设计，剔除无效制度设计，将总体制度成本限制在可控范围内；在技术成本方面，则应加强细节管控，形成成本分担机制，推行成本控制与成本投入相统一的成本管理体系，各自主招生参与主体承担好成本管理的相应角色，共同构建和形成高效的自主招生成本分析与管理体系。

参考文献

［1］刘进，王静．政策过程分析：自主招生公平问题的内在机理探讨［J］．上海教育科研，2009（6）：11－14.

［2］刘进．社会资本对高校自主招生影响的实证计量［J］．重庆高教研究，2016，4（2）：72－80.

［3］“天价”自招培训班性价比很低，http：//edu. people. com. cn/n1/2016/0620/c1006－28456829. html.

［4］培训班借高校自主招生高价开班：12 小时 7000 元，http：//edu. qq. com/a/20160610/007755. htm.

［5］尹秋莲．英国高校招生考试机构及其特点［J］．湖北招生考试，2012（12）：49－51.

5　教育的不均衡：自主招生地区参与的显失公平

与传统高考的名额地区分配机制不同，自主招生形成了一定程度上由高校自行划定招生名额的新的招生权力分配格局，形成了主要依靠候选人能力特长状况核定自主招生指标的基本路径。该种缺乏分省招生名额宏观调控的新的名额分配机制，极大改变了传统高考制度设计中省域名额分配状况，造成了更大的地区间自主招生运行的不均衡，进而带来更为严峻的教育公平问题。理论上讲，招生领域一直存在着绝对公平与相对公平的招生理念差异，绝对公平理念试图通过打破省域界限，真正客观按照绝对分数或能力特长进行人才选拔；相对公平理念则考虑地区间基础教育水平和教育资源差异，强调对欠发达地区的教育公平补偿和招生名额保护。当前，两种公平理念在自主招生区域公平设计上存在难以调和的冲突，新时期，高校自主招生制度改革在地区公平问题上遵循何种基本理念、走向何种改革道路，事关自主招生制度的公平性及合法性地位，须在学术研究与自主招生实践中引起高度重视。

一、显失公平：自主招生的地区鸿沟

自主招生制度设计之初，未将公平理念纳入其基本原则，经过一段时期的改革试点，公平问题日益凸显，教育行政主管部门开始强化自主制度活动的公平理念，提出政策设计要“有利于教育公平”。正因为自主招生制度设计本身存在公平缺失的历史原因，该项招生制度在多个方面的公平性饱受质疑，自主招生制度客观上加剧了地区间招生公平问题，这主要体现在以下两个方面。

（一）缺乏有效的自主招生区域间名额投放与宏观调剂机制

自主招生制度设计缺乏国家层面的名额投放和宏观调控机制，客观上造成了地区间招生参与的公平问题。传统高考制度虽然存在区域间名额投放不均衡等问题，但与自主招生相比，却有效实现了基于地区间教育与经济社会发展水平实际情况，以及人口等现实要素，进行名额投放和调剂的有效机制，给予弱势地区有效开展人才选拔活动的基础公平保障。基于落实高校办学自主权的整体考虑，以及自主招生改革试点初期招生占比较小、覆盖人群较窄、涉及中学不多等背景，自主招生制度设计打破了名额调配的地区均衡，未严格设置地区间名额投放和调剂的相关制度与政策，甚至缺乏对地区间招生名额均衡情况的有效监测。

经过一段时间的试点运行，大量研究发现自主招生区域名额投放不均，存在地方保护主义，造成不同地域学生的自主招生参与机会不公。本课题组长期追踪教育部阳光信息平台公布的各年度自主招生录取结果，发现区域间自主招生录取名额的差距巨大，传统高考区域名额投放差异主要以百分比为计量单位，自主招生录取的省域间差距则以数倍甚至数十倍为计量单位。经济社会发展水平较高、教育基础较为雄厚、自主招生试点高校分布较多的地区，大量占有了自主招生录取资源；传统上经济社会发展水平与教育基础滞后地区，尤其是省域内缺乏自主招生试点高校、高等教育数量和质量落后的省份，则在最终名额分配中表现出“显失公平”的特征。

以海南省为例，该省每年度自主招生最终录取人数为几十人甚至十几人，这仅相当于某些发达省份一所中学甚至一个班级的自主招生最终录取人数。自主招生录取结果的地区鸿沟已经显现，地区鸿沟除表现为绝对招录人数差异外，还存在以下两种表现形式。

表现 1：过程指标的地区鸿沟。不仅最终自主招生录取人数存在显著的地区差异，自主招生材料初审、公示名单、笔试资格公示名单等具体环节，也存在着显著的区域间公平鸿沟。说明地区间自主招生公平的巨大差异存在于自主招生制度设计的所有环节。这在教育部阳光招生平台的数据库中也有显著体现。

表现 2：相对数值差异。上述地区间公平鸿沟并非绝对数字上的现实差异，将自主招生录取结果除以不同省域间人口总数、适龄高考学生人数等指标，得到的比例化的自主招生录取结果，仍然存在地区间的巨大差异。

上述地区间自主招生名额分配的最终结果，是中国经济社会发展失衡，尤其是基础教育阶段地区间现实差异的真实体现。因此，舆论界长期呼吁的全国高考统一命题、统一按分数录取的“理想模式”难以实现。从公平角度来看，这种绝对公平主义的价值理念存在严重问题，不能循此思路简单地对高度复杂的中国教育国情做武断处理，要预防“一刀切”式方法可能带来的地区间教育公平问题和可能引发的群体性社会矛盾与社会不稳定性因素。

同时，部分获得自主招生录取权限的高校及其所在地的教育行政主管部门，在自主招生录取决策方面存在明显的“属地效应”和“地方保护主义”动机，这也是导致地区间自主招生公平差异的重要原因。本课题组对某年度 31 省的自主招生录取结果进行大数据统计发现，当年度部分省份自主招生名额面向本省投放的比例高达 100%，这显然是造成自主招生地区间公平问题发生的原因之一。因此，对自主招生地区间公平差异的理性分析，既应考虑客观存在的区域间发展水平的差异，也应关注可能影响区域间招生录取结果的各类教育决策倾向。

（二）区域内部因为资源占有和决策机制等原因也形成了显著的区域自主招生公平问题

在某些省份内部，也出现了较为严重的自主招生名额投放与分配结果的显失公平问题。即一些自主招生名额获取较多的省份，其省内名额分配也存在严重的区域间差异。该差异表现出以下几种倾向。

一是向省会城市集中。部分省份包括部分高等教育大省，半数以上自主招生录取名额被省会城市获得，这与省会城市良好的基础教育水平存在关联，但也不排除在自主招生名额省域内分配机制等方面，利益相关者发挥了某些作用，尤其是具有决策能力的利益相关者的存在，客观上形成了偏向于省会城市的自主招生政策与制度设计。

二是在更小的区划范围内也存在着自主招生录取结果的高度集聚现象。比如，一些获得大量自主招生录取名额的省会城市，其最终录取名额大量流入少数区域的少数中学。即自主招生区域公平问题正出现从省域不公到省内不公甚至区域内不公的层层公平问题的叠加和共振，其结果是形成了对自主招生区域公平的严重冲击。例如，北京市大量占有了自主招生的录取名额，各区县间也存在极大差异，海淀区与房山区在最终录取名额上存在数十倍甚至更大差距。海淀区内部，则出现名额集中在少数重点中学尤其是“超级中学”的现象。再如，湖北省武汉市作为省会城市，获得了超过全省一半以上的自主招生录取名额，同时也存在着显著的市内不同区县之间的名额分配差异，各区县内也存在显著的自主招生名额向重点中学和“超级中学”汇集的特征。

省域或更小区域单位内的自主招生名额分配的显著差异，凸显了自主招生分权模式下以省会城市为代表的教育行政主管部门在决策上的倾向性，也凸显了省会城市与自主招生试点高校分布的高度相关性所造成的“近水楼台”效应，更显示出自主招生制度设计对于高考生源路径的高度依赖甚至强化。

同时，“省会效应”“超级中学效应”也部分扭转了传统重点中学的利益格局。以湖北省为例，自主招生试点改革过程中，华中师范大学附属中学等省会中学占有压倒性优势，但落后地区的著名中学——黄冈中学则形成显著劣势。黄冈中学与省会内重点中学在自主招生录取结果上的差异不断拉大，且呈固化趋势难以调和。这固然可以归结为省会城市素质教育的人才培养转向，使其在自主招生改革中处于优势地位，但所处地域与招录结果之间的显著联系应引发学术界的密切关注。

二、理念转向：要不要保障自主招生的区域公平

自主招生区域公平的上述问题客观存在，但尚未被学术界和理论界广泛认知，相比于对传统高考区域公平的严格监测和近乎苛刻的改革要求，自主招生的地区公平问题是否是“真问题”，学术界仍抱有不同看法。

一些观点认为，自主招生区域间的公平差异，是不同地区基础教育尤其是素质教育成果的真实体现，应充分予以尊重并加以确认，达到人才招录“不拘地区选人才”的绝对公平目标，不应进行刚性的自主招生地区公平干预，防止对真正拥有能力特长却处于发达地区的学生造成“反向公平歧视”。

另一些观点则认为，自主招生是高校招生制度的重要组成部分。涉及招生公平、教育公平以及社会公平的重大议题，涉及普通民众在教育领域的核心利益，不应放任区域间公平问题的巨大差距存在和固化，教育行政主管部门以及各自主招生参与主体，应切实采取有效措施，缩小公平差异，促进弱势地区学生入学，使自主招生制度惠及更多区域。

以上两种不同的对于自主招生公平理念的价值判断，存在难以调和的差异，因此，部分学术界同仁尝试“走中间路线”，强调部分开展自主招生区域间公平监督与调控，同时相对于传统高考而言，又应给自主招生制度保留足够弹性，以利于各类创新人才和综合能力突出人才的涌现。

本课题组认为，自主招生制度设计是否要考虑区域公平问题不应成为讨论焦点，作为一项影响广泛的招生政策，教育部“有利于促进教育公平”已明确提出了自主招生的公平目标；作为一项受到高度关注的社会活动，自主招生公平及背后的招生公平、教育公平乃至社会

公平必须引起足够重视。当前，如何促进公平以及在何种程度上保障自主招生区域公平，才是理论界与实践界应思考的问题。

第一，自主招生制度设计已经明确提出公平的价值导向。即自主招生制度设计要“有利于教育公平”，自主招生公平的核心内涵既包含宏观层面的地区公平，也包含微观层面的个体参与公平。地区间自主招生招录结果正是区域公平的关键指标和核心表征。中国与很多西方国家（如美国）不同，中国不同地区间因历史、改革发展的阶段性差异等原因，客观存在着教育发展不均衡甚至严重失衡问题，这既包括高等教育发展的不均衡问题（这体现在具有自主招生试点权限的高校数量分布的地区不均衡），也包括基础教育尤其是高中阶段教育的不均衡问题。传统高考制度之所以拥有强烈的民意基础和现实合法性，也在于其制度设计有专门针对区域发展均衡的有效举措，因此，自主招生制度设计对于区域公平的保障，既应体现在制度与政策设计的文本中，也应深入到改革决策者的骨髓之中。作为一种刚性公平，不应存在过多讨价还价的空间。

第二，自主招生区域公平刚性保障力度的确定。要在多大程度上保障自主招生的区域公平，关键在于自主招生之于整个高校招生制度体系的影响力水平。举个极端例子，如果自主招生在全国只招录 1 名学生，就不用考虑公平问题，但如果自主招生实现了对全国 10% 甚至更高比例的学生招录，对待区域公平的刚性态度则应发生显著变化。本课题组曾经提出过关于自主招生公平刚性程度的两个 20% 的界定，即当试点高校数量占该层次高校数量 20% 以上，或当自主招生录取学生数占试点高校当年度录取学生总数的 20% 以上，则应密切关注自主招生公平问题，其中就包括区域公平问题。在某些特定的历史时期，少数高校自主招生学生招录比例已经接近甚至超过 20%。而当前，按照教育部的要求，绝大多数高校已将招生比例控制在当年度招生总计划数的 5% 以内。但是，当前试点的 90 多所高校基本都是全国最重点高校，涉及主要的“985 工程”“211 工程”“双一流”建设的高校数量和比例，远超过上述同层次高校占比 20% 的目标，从该角度看则应密切关注并加强刚性的地区间自主招生公平设计。与此同时，一些具体高校，如北京大学和清华大学，在新一轮自主招生改革中权限仍然较大，其自主招生学生招录数量和比例很高，该类型高校的自主招生区域公平问题须引起高度关注，应采取有效举措严防过大的区域间招录结果差异出现。此外，自主招生降分录取幅度在一些高校差异较大，大量“双一流”高校尤其是原“985 工程”高校，已经将最低录取分数线降至一本录取线，几十分甚至上百分的降分幅度，对个体学生的高校招生录取命运会产生根本性影响。此背景下，自主招生制度的现实影响力极大，绝不能放松对自主招生区域公平问题的监管。教育行政主管部门应加强制度设计，加强自主招生制度改革的区域公平监测，更为科学地开展自主招生区域公平问题政策干预。

第三，自主招生制度运行出现较为迫切的促进区域教育公平的诉求。通过及时有效的制度调整与政策干预，将自主招生区域公平问题控制在合理范畴，对于下一阶段自主招生制度的改革试点具有关键意义。自主招生制度是中国改革开放以来，高校招生制度改革活动中试点时间跨度最长、尚未定型的招生考试制度，横跨十余年的改革试点仍未明确形成稳固的招生制度，其原因之一，即在于对公平问题的极度敏感性和教育公平现状的严峻性。当前，自主招生客观存在的区域间公平差距，客观影响到了自主招生制度的改革进程。自主招生制度设计如果在区域公平问题上无法有效得以解决，则可能面临民意的合法性质疑，改革决策者也将因为公平担忧而举棋不定。因此，有效破除当前自主招生区域公平问题，寻找到有效的问题解决路径，是当前自主招生改革决策的关键问题。自主招生制度若无视中国区域间发展失衡现状，尤其是试运行以来出现的严峻的地区间公平问题，则无法实现制度定型，也将缺乏进一步扩大推广的现实勇气。

三、公平行动：缩小自主招生区域差异的可行举措

持续深入开展自主招生制度改革已成为各界共识。在此过程中，

须加强公平监测与公平干预，防止因公平问题发生影响自主招生改革进程。本课题组认为，当前自主招生改革涉及的公平问题，主要分为两种类型。

一种是传统高校招生制度各类公平问题的延续。即部分自主招生制度公平问题是根植于传统招生考试制度本身的，自主招生制度更多扮演了催化剂或者助燃剂的作用。比如，传统高考制度广泛存在着强势中学与弱势中学在重点高校招生录取结果上的巨大差异。而自主招生制度改革主体绝大多数是重点高校，导致弱势中学与强势中学间重点高校学生录取结果鸿沟扩大。再如，传统高考制度缺乏有效的信息流动，学生和家长缺乏对高校的必要认知，在志愿填报等环节因为信息不对称导致选择失误等问题发生。2017 年浙江和上海的新高考制度推行，一些中学生甚至将某些重点高校与其二级学院相混淆进行志愿填报，而自主招生制度设计则强化了信息因素不畅可能带来的现实问题，一些落后地区自主招生政策的知晓程度很低，学生和家长对自主招生信息的掌握是缺失的、片面的或浅层的，由此进一步加剧了区域的招录结果的失衡。

另一种是自主招生制度设计本身导致的新的公平问题。最典型的就是自主招生对候选人考核内容的转变。对于传统高考而言，最发达地区与最落后地区、最好中学与最差中学、最优秀学生与最差学生，都可以获得一视同仁的高考机会和应试资格，都可通过对较为固定的知识体系的学习，争取录取机会。自主招生则大为不同，其改变了人才招录的基本标准，能力特长的选拔标准背后往往与家庭的经济资本、文化资本、人力资本甚至社会资本存在紧密联系，这对于更多依靠标准化考试实现“鲤鱼跳龙门”的落后地区学生提出了严峻的挑战，以面试为代表的学生的知识广度、深度和应用能力、应急表现等考查内容，也进一步加大了地区间学生个体的表现差异。

下一步自主招生改革应在制度与政策设计层面形成区域公平问题的解决办法，因地制宜、因校制宜寻求有效的解决路径。一方面，对于上述传统高考遗留的一般性区域公平问题在自主招生区域的出现和加剧，应按照传统高考的地区公平问题解决思路与举措进行有效干预。比如，上述关于强势中学与弱势中学面向重点高校招生录取结果的显著性差异，传统高考制度设计中已经提出了明确的解决办法。教育部试行的多项专门针对落后地区和农村中学的重点高校名额投放计划，其相关思路与技术，可直接或间接借鉴到自主招生制度设计中。

另一方面，对于自主招生制度引发形成的新的地区间教育公平问题，则应组织有效力量，专题分析问题产生原因和机理，探寻有效的解决对策。比如，上述因自主招生选材标准而形成的地区公平问题，应探索在能力认定方面的多元价值标准，弱化能力认定的城市话语与倾向，加强公平补偿，借鉴美国“百分比计划”等对于弱势群体的保障机制，形成有效的公平补偿制度路径，提升自主招生区域公平水平。

当前学术界对于自主招生要不要公平已经不存在显著争议，但对于自主招生公平的具体体现形式、严峻程度和干预方法的研究则尚未深入。本文所述及的区域间自主招生公平问题的严峻程度，可能超乎理论界与实践界的已有预期，已到了非关注不可、非改革不可、非解决不可的关键时期。教育行政主管部门和相关学术研究者应密切关注自主招生区域公平问题的发生发展状况，深入探索相关问题的生成机制和解决方案，共同推进自主招生区域公平问题的妥善解决。

参考文献

[1] 郑若玲. 自主招生公平问题探析 [J]. 中国地质大学学报(社会科学版), 2010, 10 (6): 49 - 54.

[2] 刘进. 中国高校自主招生公平问题研究 [M]. 北京理工大学出版社, 2015.

[3] 刘进, 王静. 政策过程分析: 自主招生公平问题的内在机理探讨 [J]. 上海教育科研, 2009 (6): 11 - 14.

[4] 鲍威. 高校自主招生制度实施成效分析: 公平性与效率性的视角 [J]. 教育发展研究, 2012 (19): 1 - 7.

[5] 刘进，陈健，杜娟．弱势地区自主招生参与的公平问题研究［J］．高校教育管理，2016，10（3）：54－59.
[6] 李立峰，刘海峰．我国高校招生考试中的区域公平问题研究［J］．高等教育研究，2008（10）：33.
[7] 李立峰．中国高校招生考试中的区域公平研究［M］．华中师范大学出版社，2007.
[8] 刘进，陈建．中国高校自主招生地方保护主义的大数据分析［J］．上海教育科研，2016（5）：5－10.
[9] 浙江学生报考遇乌龙 646 分上三本，我们该反思什么，http：//www. sohu. com/a/158349171_ 583552.
[10] 周海涛．美国公立大学录取政策变革：百分比计划［J］．清华大学教育研究，2007，28（6）：89－94.

6　农村学生拿什么参加自主招生

自主招生扭转了传统以高考为核心的单一化人才选拔模式，凸显了学生能力特长，尤其是综合素质在高校入学选拔中的作用。但与此同时，自主招生更多强调的是“城市话语”，客观上造成了对不同生源地申请人的选择偏误。因此，一直以来，理论界与实践界都普遍认为，应加强对农村学生的能力特长观测，让农村学生有机会以不同于城市学生的能力特长，参加自主招生活动，实现更大程度上的自主招生城乡公平状况改善。但是，什么才是农村学生能力特长的主要特征，如何有效甄别农村学生的能力特长，类似问题目前仍未得到有效回答。

一、能力特长认定：城市话语与农村话语的割裂

自主招生实现了对申请人入学考查的能力转向，从智力因素向非智力因素、从学业表现向非学业表现、从单一能力向多元能力，自主招生试图通过更为多样化的能力标准和技术手段建构，选拔和认定更符合一流大学人才培养需要的各类生源。但与此同时，由于制度设计和技术环节的某些缺陷，却造成了当前自主招生的能力特长认定，显著有利于城市申请人（或者称作“城市话语”）的客观现实。这主要表现在以下两个方面。

一方面，简单化地设定各类能力特长标准，形成了事实上的对农村话语权的剥夺。传统高考制度中除了标准化考试之外，也包含有大量非标准化考试的内容考查（通常作为高考加分项或高考保送项目），

包括奥赛获奖、发明专利、三好学生、论文作文发表、“小小发明家”获奖、机器人竞赛等。一些高校对于自主招生制度改革的总体理念把握不准，对传统高考招生制度存在路径依赖，往往简单化地将传统高考人才选拔方式直接嫁接成为自主招生的人才选拔标准。该种标准与农村学生所处的经济社会发展环境相割裂，尤其是与农村教育水平存在显著差异，农村学生除奥林匹克竞赛获奖等少数途径外，很难只通过自身努力，不借助于经济资本、文化资本、人力资本和社会资本，取得自主招生报名资格。即使传统认为的依靠农村学生刻苦努力可以获得的奥林匹克竞赛等刚性比赛成绩，近年来也由于城市学生更多可以通过课外补习等教育投入提高比赛成绩，导致农村学生话语权也日渐微弱，因此，在现行的自主招生制度体系中，“寒门难出贵子”正成为一种普遍的社会担忧。

另一方面，高校缺乏在自主招生能力特长认定技术方面的有效突破，导致农村学生参与自主招生处于不利地位。理论界与实践界都认为应从农村学生视角，加强面向农村生源特点的自主招生能力特长认定，很多研究都明确表达了对农村学生无法有效参与自主招生的惋惜。但客观而言，当前高校仍未形成直接针对农村学生能力特长的选拔技术，不得已只能遵循更便于显性评价或量化比较的城市话语体系，客观上造成了对农村学生参与自主招生活动的“显失公平”。

将以上两个方面的问题概括起来，即高校要么因为历史惯性和路径依赖，要么因为人才选拔技术突破不足，简单化或被动地选用城市话语体系进行自主招生人才选拔活动，客观上导致了近年来农村学生自主招生参与不足的现实问题。这一问题导致自主招生制度改革对农村生源、城市生源相对割裂的现实状况，造成了对自主招生公平现状的损害，引发了社会舆论的强烈关注。

自主招生制度设计造成的农村与城市招生话语体系与话语权限的割裂，不仅形成了对农村学生招录资格的相对剥夺，影响了教育公平，也不利于城市学生的全方位发展。目前城市与农村学生都不同程度地存在着“应试教育”倾向，对农村学生而言，更多体现在强化对高考知识体系的重复性学习和应试化训练；而对城市学生而言，应试教育既包含对高考知识体系的上述重复性训练，也包含对各项“能力特长”的培优式学习，一些学校和家长并不了解学生真实的能力特长与兴趣爱好，反而强加给城市学生更多的特长提升或培优课程。此种背景下，现行的以城市话语为主导的高校自主招生制度设计，虽然对城市学生来说更容易被录取，但也可能客观上加剧城市学生面向这些“能力特长”进行应试准备的动机，反而不利于城市学生多元能力的养成和综合素质的提升。

事实上，自主招生改革的总体理念并不是局限在对少数能力特长的考察与认定上。相比于以“一元智能理论”为代表的标准化考试，自主招生的能力特长认定应该是多元、包容、开放和更加面向未来的。现有的对少数可观测能力特长的认定，尤其是对少数奖项的过度肯定，很可能造成“挂一漏万”，是以否定学生大量其他能力特长为代价的。因此，现行的能力特长认定标准和话语体系，既不利于农村学生的公平参与，也不利于城市学生的应试导向转变，更不利于在中国特色社会主义进程中进行多元化的人才储备。而且，自主招生制度设计如仅限于对少数人、少数能力特长的认定，也必将导致自主招生的政策改革目标囿于较小范围，无法真正通过制度改革，推进整个中国高校招生制度体系的变革。

大量的历史经验表明“穷人的孩子早当家”，农村学生通常具有符合其自身经历的特长与潜质，一些研究也显示，农村学生一旦进入高校，往往会释放出巨大的发展潜能。因此，如果仅仅因为制度惯性和技术手段问题，而将占高校招生录取适龄人口总数最大比例的农村生源拒之门外，自主招生制度改革则将是残缺的、不完整的和不公平的。当前进一步平衡农村学生与城市学生的自主招生权限，应从传统的同情立场变为提出建设性的改革建议，形成科学的改革路径，探索形成公平性与科学性水平总体较好、成本可控、方法和技术相对稳定的农村生源自主招生选拔制度体系。

二、巨大潜力：农村学生自主招生参与的有效甄别

遵循上述思路，本课题组认为，未来的高校自主招生制度改革应形成总体上较为统一的政策标准，与此同时，也应真正凸显自主招生在能力特长认定方面的开放性特征，最大限度实现对农村学生能力特长的识别，实现对农村学生可见能力特长与不可见能力特长的综合认定；应改革传统基于刚性标准的自主招生人才选拔的“懒政”倾向，对农村生源进行有效的自主招生公平补偿，提升农村生源参与自主招生活动的公平性水平。

（一）要真正遵循自主招生多元化人才选拔录取的基本理念，从刚性能力认定向柔性能力认定转变

当前，由于自主招生能力认定的技术手段欠缺，而且部分高校担心柔性或者弹性的能力认定标准，可能留下招生腐败或招生寻租空间，因此很多高校倾向于通过刚性的自主招生门槛设计、刚性的笔试面试和心理测试等流程，确保自主招生制度的“公平运行”，其本质，是重视微观的自主招生公平，而忽视了大的自主招生公平观（即通过自主招生真正选拔出各类优秀人才）。

自主招生制度设计的初衷，在于为中国经济社会发展乃至全球人类命运共同体建设贡献人才，其中具有创新潜力和发展能力、占据中国适龄高校招生录取人数一半左右的农村学生，是中国乃至全球最为关键的人才资源。相比于更侧重于人类智力选拔的标准化考试（事实上，即使标准化考试也只是对人类智力极小方面的考查），自主招生代表了面向人才深层能力特长选拔的现代招生理念，将少数可测量的、高显示度的奖项或赛事成果作为自主招生的人才选拔标准，有悖于自主招生制度设计的初衷，而且“一叶障目不见泰山”，可能贻误自主招生制度改革的重要历史机遇。

从刚性能力认定到柔性能力认定，是当前中国高校自主招生改革

最迫切需要解决的现实问题。自主招生与传统高考一样，承担着对优质高等教育资源的分配职能，客观上具有“教育风向标”作用，将对自主招生上游教育环节产生根本性影响。而该种影响也与高考一样是一把“双刃剑”，现行的以少数城市话语能力为核心的认定标准，将绝大多数拥有其他能力特长和发展潜质的学生排除在外，对于自主招生制度改革尤其是对上游教育环节的创新型人才培养具有不利影响。这也将导致自主招生制度改革面临较大争议，长期试点却无法实现制度定型。

自主招生的能力认定标准，只有从刚性向柔性转变，才能真正实现对农村生源的公平认定，真正解放农村生源的发展潜质，真正帮助农村生源在招生选拔中脱颖而出。从“寒门难出贵子”，到“不拘一格选人才”，实现真正地面向多元化能力特长的人才选拔标准转变，实现农村各类人才的不断涌现，促进教育公平，最大限度缩小农村与城市学生发展差距，为高等教育阶段促进农村地区和城市地区学生共同发展做好准备。

（二）从可见能力到不可见能力，自主招生对农村生源能力认定的主要改革方向

吸纳更多农村生源参与自主招生制度改革，根本上要实现从可见能力到不可见能力选拔的招生观念转变。农村学生身上绝大多数的能力特长是不可见的甚至不可测的，但不能因此否定农村生源的天赋和发展潜质。人类研究已经揭示出人的精神特质对于发展成就的重大影响，中国各种古训和箴言，都对农村学生尤其来自困难家庭学生的成长成材给予了充分肯定。科学界尚未完全揭示的是，到底农村学生的哪些特质、哪些能力最终可能转化为成功，或者究竟转化为哪种类型的成功。

但在类似科学研究结论出现之前，不应对农村学生所具有的能力与潜质盲目否定。罗尔斯的《正义论》中所强调的公平补偿原则是很好的理论基础，其基本观点在于，应该科学评判高等学校申请候选人

获得既有成就的困难程度，并在接近条件下促进高等教育资源优先向弱者倾斜。在此方面，全球主要国家的招生制度设计都体现出了公平补偿原则，并因此帮助了大量弱势群体学生通过高等教育实现了社会阶层的向上流动。

广大农村生源是改革开放以来，中国现代化建设进程中最重要的生力军。一些研究显示，农村生源进入高校后，在多数情况下并未表现出与城市生源在学业能力和其他能力方面的显著差异。本课题组对北京某985高校过去30年的毕业校友追踪调查显示，以农村生源为主体的第一代大学生，其各项在校期间学业表现指标甚至优于非第一代大学生，体现出了第一代大学生艰苦朴素的认真态度，这与西方主流的有关第一代大学生的理论解释并不一致，反映出了中国以农村生源为主的第一代大学生的优秀品质。

当前，受限于刚性的人才选拔理念和人才测评技术，自主招生活动仍然无法量化开展农村生源能力的评价认定工作，但从刚性标准向柔性标准过渡、进一步凸显农村生源的能力特长已成必然。国家教育行政主管部门、各高等教育人才培养单位以及中学等人才培养的中上游环节应紧密协作，扎实开展好农村学生能力特长显性化认定的相关研究。例如，可以通过大量案例和深度研究方式，积累形成较为有效的评判农村生源能力特长表现的评价体系。

事实上，人类追求通过单一或过度刚性的标准，进行人才选拔的道路本身就是错误的。人才的能力特长可能根本就无法通过量化计量进行科学评价。西方一些高校正在走与中国过度刚性的人才选拔方式不同的道路，本课题组对于美国精英文理学院——阿默斯特学院的招生活动的访谈显示，该校并不存在非常复杂的招生制度设计，高校赋予招生官员极大的人才招录权限，他们可以凭借客观甚至主观考查结果来评定学生能力。该种较为稳定的招生方式运行几十年来，所招录和培养出的各类人才不断涌现，从结果角度肯定了该种招生方式的有效性。

因此，中国未来的高校自主招生制度设计，不应继续纠缠于如何建立指标体系、如何进行刚性的“科学化计量”，而是应真正鼓励柔性标准的建立，甚至各类“不可见”标准的引入。在此过程中，应进一步破除思维定式，改变试图拿着“放大镜”来观察高校招生活动一举一动的“刚性公平”思维，真正形成以人才培养结果为导向的招生考试制度。

（三）在技术层面，短期内应有效加强关于农村生源能力特质的深入研究

上述从刚性到柔性、从一元到多元地开展农村生源能力特长认定的整体思路，最终要落实到农村生源在自主招生活动中的能力特长认定技术上。长期来看，应形成较为系统完备的农村生源能力特长认定的技术体系；短期来看，应尽快围绕特定方面开展对于农村生源能力特长认定的技术攻关。本课题组认为，应至少从以下方面寻求突破。

一是应开展农村学生能力特长认定的标准研究。天才往往是1%的聪明加上99%的勤奋。对于农村学生而言，勤奋程度、个人毅力以及性格的稳定性、抗压性等，与其是否能实现成功成材存在密切联系。自主招生人才选拔过程中，应将人的身体、心理、志趣等稳定性指标纳入观测体系，这有利于更真实地开展农村学生的能力特长认定。在此过程中，应主动引入学术界较有共识的有关农村学生能力特长的最新研究结论，也应给予招生官员充分信任，一些招生官员本身就是农村生源，最了解农村学生的生活和学习特质，应给予其利用非刚性标准甚至柔性标准评测农村生源的部分权利。

二是应拉长评测时限。应通过档案袋、大数据等技术手段真实记录农村学生的发展历程，通过长线化的学生学习过程评判，降低人才选拔的过程误差。本课题组曾对北京地区部分中小学生的简历展开分析，结果显示，北京某些重点小学的学生简历从刚性层面来看，内容极为丰富甚至奢侈华丽，一些学生在小学阶段就曾游历多国，参加各类赛事，受邀到电视台等媒体参加演出，具备音乐绘画等多项能力特长，或撰写过大量文学作品等，但是上述可见方面，是否全部是真实

的学生能力储备呢？是否存在为达到升学或其他目标而“刷简历”的客观问题呢？是否因此就更加肯定城市学生而对简历内容极为贫乏的农村学生予以否定呢？答案显然是否定的。新时期中国部分地区开始尝试建立学生成长的档案袋，方便高校在人才录取过程中长线分析学生发展情况，这是一种可行的尝试，将有利于更科学地评判学生的学习过程，并对学生的未来发展潜质做出判断。该种拉长评测时限的技术突破对于自主招生科学进行农村学生能力特长评价也提供了新的路径。

三是应引入新的现代技术手段。以大数据和人工智能为代表的信息化技术手段，正被迅速应用于教育领域，通过这些新方法新技术的使用，也将有可能实现对农村生源能力特长测评的科学化提升。下一步，应着力在构建农村生源能力特长认定技术等方面寻求突破。比如，应考虑运用增量指标而非结果性指标评价农村学生的发展潜质，可以运用大数据手段分析农村学生在高中阶段入学前与入学后的学业与非学业表现，分析其发展的潜质大小等。类似的还有很多方面，比如，随着以深度学习为代表的人工智能的兴起，未来通过信息化手段直接开展物理性或精神层面的学生能力特长甄别也存在可能。未来随着脑科学对人类大脑活动机理的进一步探究，对于农村学生创新能力、创新潜质等的信息化测评也可能出现新的技术手段。教育行政主管部门应密切关注本轮信息技术革命动态，及时将相关成果运用到教育领域尤其是自主招生人才评价领域。

参考文献

［1］吉明明，李峻．公平视阈下高校自主招生选拔机制研究［J］．中国教育学刊，2016（8）：46－50.

［2］刘进，王静．政策过程分析：自主招生公平问题的内在机理探讨［J］．上海教育科研，2009（6）：11－14.

［3］韩笑天，黄亚玲．从高校自主招生简章看发展方向［J］．当代

教育实践与教学研究：电子版，2015（6X）：51－52.
［4］钱沁，陶富军，王辰昱．直视我国高校招生现状推进招生体制改革［J］．亚太教育，2016（15）：204.
［5］李兵．自主招生向农村考生倾斜的问题与对策分析［J］．考试研究，2012（2）：12－19.
［6］王沙沙．教育公平视野下自主招生对农村考生的影响［J］．科教导刊，2015（1）：11－12.
［7］郑若玲．自主招生公平问题探析［J］．中国地质大学学报（社会科学版），2010，10（6）：49－54.
［8］刘进．中国高校自主招生公平问题研究［M］．北京理工大学出版社，2015.
［9］罗尔斯．正义论．6［M］．中国社会科学出版社，1999.
［10］刘进，马永霞，庞海芍．第一代大学生职业地位获得研究——基于L大学（1978—2008年）毕业生的调查分析［J］．教育学术月刊，2016（2）：3－11.

7 复杂化还是简单化：自主招生改革的路径选择

自主招生改革站在新的十字路口，当前学术界关于其改革方向存在两种不同的观点。一种观点认为，应提升自主招生改革的科学化水平，应引入现代信息技术，有效开展对学生的能力甄别，这一观点以大数据和人工智能等技术方向为主要代表。另一种观点则认为，应坚持传统的自主招生流程设计与方式方法，不应过度依赖以信息技术为代表的机器选拔理念和技术。本部分细致分析了信息技术革命可能对自主招生改革带来的影响，结合美国高校对于高校招生设计的流程设计与技术把控，就自主招生改革究竟应向复杂化方向发展，还是向简单化方向发展展开讨论。

一、信息技术革命能让自主招生迎来春天吗?

与传统高考制度设计不同，自主招生更多强调以多元智能理论为基础的多元能力评价和多元选材导向；也与传统高考制度不同，自主招生多元选材对于选拔方法、选拔技术的要求更高。过去 10 多年来，中国高校自主招生改革试点，在理念层面已经迈出坚实步伐，但在人才甄别尤其是创新能力、综合能力甄别方面，却大大落后于制度设计的目标要求，部分造成人才选拔活动的科学化程度低，选拔结果的信度、效度低，并滋生了各类公平问题，引发社会关注和舆论质疑。一些学者将自主招生人才选拔的上述困境改革，寄希望于新的技术革命，尤其是以本轮新的信息技术革命的技术革新。

一方面，一些观点认为，应将大数据相关的理论与技术运用到自主招生人才选拔中，应充分发挥大数据技术对人才选拔的长时段、多方向、海量化的技术优势，形成系列化、立体化甚至360度的对于自主招生应考学生的综合评价。该种大数据思维在技术层面，将可能涉及对学生高中阶段甚至更上游教育阶段的各类信息的收集与分析，实现对于学生在校期间学业表现、非学业表现尤其是各类能力特长表现的有效记录和智能分析。大数据理念被引入高校自主招生人才选拔模式具有重要的现实意义，也具有一定的可行性。一是它将有可能实现更长跨度的对于人才的监测与甄别，将有可能实现对传统的以韩国档案袋制度等为代表的手工式长线数据测量技术的科学化水平的提升。二是大数据分析也将覆盖传统人才选拔所无法涵盖的方面，如书籍阅读、学习习惯、能力特长及各类教育细节，将可能形成新的自主招生人才选拔的技术维度。

与此同时，大数据理念和技术在自主招生人才选拔中的应用，当前仍面临现实困境。一是大数据平台构建面临技术难题。要实现上述关于中学生各类学业与非学业活动的全过程侦测，构建系统完备、运行良好、科学化水平较高的数据平台仍需要付出巨大努力。既需要教育行政主管部门牵头形成大数据平台系统，又需要得到地方教育部门尤其是中学在数据端口和数据采集方面的大力支持，这是一项工作量较大的大数据工程。二是面临道德风险。面临扰乱中学教育教学秩序的现实困难，如要实现全方位的关于应考学生的大数据监测，则将在很大程度上对学生的教育教学活动产生影响，并可能引发关于人的教育隐私与大数据监测等矛盾，引发道德质疑和抵制。三是如何保障数据真实性仍待探索。如果功利性地运用大数据结果进行招生选拔，大数据本身就成为中学升学竞争的关键表征之一，就可能增加中学和学生本人的制假造假风险，数据真实性保障将成为现实难题。虽然如此，本课题组仍然认为，以大数据为代表的新的全过程立体式的人才选拔理念和技术，是有可能被运用到自主招生人才选拔中的。在此过程中，要平衡好技术运用与人文关怀的基本关系，要保护好学生隐私，要降低新技术应用的道德风险，要形成有效的数据真实性管理和监督机制。与此同时，可以从基础的、不涉及学生更多隐私的、学业表现与非学业表现的显性成果数据收集开始，形成初期的大数据平台。这一过程，既可以遵循自上而下的工作模式，由教育行政主管部门通过政策设计形成一贯式的大数据运行平台；也可以遵循自下而上或者自外而内的大数据采集理念和方法，通过公开化的数据获得，在中学和学生本人不知情的情况下完成基础大数据采集和系统构建，在高校自主招生环节共享该类大数据资源，供高校招生决策参考。

另一方面是深度学习与人工智能相关技术的运用。21 世纪初，深度学习理论的再度兴起和技术突破，引发了学术界的重要关切。尤其是 2016 年以 AlphaGo 击败世界围棋冠军事件为代表的新一代人工智能技术的兴起，也引发了本课题组对人工智能技术运用到自主招生人才选拔中的思考。人工智能方法强调数据化思维，试图通过海量的数据运算进行有效的计算机辅助决策，这也被称为归纳式人工智能。人工智能的未来发展方向，是模仿人类大脑的神经网络，模仿人类在学习与决策过程中的生物表现，并实现计算机化。当前以深度学习为代表的新一代人工智能技术实现了重大突破，科学界正越来越多地破译了人类自身学习的基本规律，人工智能在文献阅读、图像识别等方面即将达到甚至超越人类水平。是否可以将上述人工智能的最新成果，运用到高校自主招生人才选拔活动中？这需要学术界和理论界认真进行思考。本课题组认为，以人工智能为代表的新的信息技术革命的前沿成果，最终很有可能被运用到人才选拔和招录活动之中。进一步开展关于人脑运行机理的相关研究，形成计算机化的数据表达，未来将有可能实现对人脑知识存量乃至知识类型的基本判断，这将可能成为人才选拔录用的关键标准之一。未来也可能通过机器学习等手段，来检测自主招生应考学生的创新能力等各项指标。人工智能还可能基于机器学习，不断演化出更加深入乃至个性化的关于学生能力特长的选拔方式方法，将可能更优于普通的大数据分析方法。甚至，更长远来看，人工智能将有可能取代以高考为代表的标准化考试，最终形成新的高度信息化的人才选拔制度体系。但是，当前关于人工智能的整体研究和技术应用水平尚不足以完全支撑自主招生人才选拔活动，比如，谷歌的 Classroom 系统等仍只能扮演人类教育中的伴随学习、作业批改等辅助角色。现有的技术能力可以部分分担自主招生各类材料的阅读审查、质量评定等过程，但最终是否做出自主招生录取决定仍很难完全依赖机器做出判断。

自主招生中复杂的人才选拔理念和技术，代表了新的技术革命和产业革命的一般思维，科学界的研究成果在人才选拔领域的应用，既存在现实需求也存在实现可能。现代化信息技术在人才选拔中的使用，除具有上述基本特征和优点之外，在排除人情因素以保障公平性水平、排除个体因素以实现对主观试题的科学化判定等方面也具有重大的改革意义。本研究认为，大数据技术与人工智能技术在自主招生人才选拔中的运用，不应等待相关技术达到尽善尽美的水平再予推行，而应针对既有的成熟技术，加强在自主招生某些具体环节中的研究使用。比如，关于人工智能自然语义分析技术已相对成熟，可引入在高校对于自主招生初选材料的筛选等环节中，这将大大解放高校在文献阅读中的巨大工作负荷，提高对初审材料筛选的精准度水平，并客观上排除初选环节人为因素的各项干扰。再比如，大数据技术已非常成熟，高校乃至教育行政主管部门可以完成涵盖中学生各类学业表现和全国主要赛事等的大数据收集工作，形成真实的自主招生数据来源，并有效避免各类杂乱的奖项混入到自主招生人才选拔材料之中。

二、自主招生是一项简单的社会活动：美国的经验

旅美学者黄全愈在《高考在美国》一书中大量阐述了美国关于新生招录的各项活动，其总体意见认为，美国招生活动是高度自由开放和包容的。本课题组为深度研究美国精英高校的招生录取活动，对美国部分研究型大学和精英文理学院招生部门进行了访谈，发现除上述

黄全愈先生的基本观点之外，美国高校招生尤其是精英高校招生更是一项简单的社会活动。美国高校并不是通过高度复杂化的系统设计来监测学生各学历阶段一举一动，反而是赋予高校招生部门和招生官员极大的信任，根据学校定位、历史传承、发展目标等自主选材。这主要体现在以下几个方面。

一是招生委员会的构成是简单而专业的。美国高校招生委员会是招生活动的中枢机构，扮演着从招生宣传到最终录取的关键角色，在此过程中也负责协调各类校内与社会资源，共同打造招生的系列化体系。美国高校给予招生委员会极大信任和自由度，充分尊重其招生方案，高度认同其招生结果。而各高校招生委员会在成员搭配、工作投入和制度保障方面也已建成流畅的制度体系，保障了各项招生活动的正常开展。在招生委员会之外，还有部分招生功能的组织架构延伸。比如，一些高校充分信任本校校友资源和毕业生乃至在校生的人才甄别能力，与中国自主招生不同，一些申报美国研究型大学的候选学生，并不需要进入大学校园接受笔试、面试及其他相关测试，反而在中学所在地就可能接受来自该校校友的现场测试。这些进行测试的校友志愿者具有高度的责任感，在过程中将完成内容丰富的测试记录并写下推荐意见。美国高校赋予校友的该种招生权力延伸，充分体现了简单化的招生思维，也即“用人不疑疑人不用”，既大幅削减了候选学生的时间和经济成本，也大幅降低了高校招生委员会的工作负荷。而该项校友的现场测试和招生委员的面试对于最终录取结果都具有重要效力，是招生决策的关键证据。即使一些在校大学生也有可能被招生委员会赋予重要的招生权限，在校园开放日等招生活动环节，在校学生可以形成对候选学生的考查报告，并以此作为最终录取与否的重要依据。从此种意义上来说，美国研究型大学高校招生在结构设计上是相对简单的，并没有类似中国的招生神秘感，却较好地通过制度化安排有效排除了社会资本对于招生活动的影响。

二是学生能力考查相对简单。美国严格遵循多元人才选拔理念，确如《高考在美国》中所列举的，各研究型大学一般都有独特的人才选拔录取“公式”，该“公式”中较为明确地呈现了标准化考试、社会实践、中学阶段学业表现、各类爱好特长和获奖等的权重分配。但上述“公式”并非精确化的可操作性公式，一些高校招生部门、招生官员的脑海里大致都包含有该校录取人才的上述基本标准，但并未形成严格的权重比例，如标准化考试占比、中学学业表现占比等，也即招生官员是存在一定的招生弹性和自主权限的。该种弹性与自主性则恰恰保障了招生官员对创新人才的招录权限。关于招生标准认定方面，美国研究型大学招生也有类似于中国自主招生的地方，比如美国高校也相当看重来自重点中学和长期生源地学生的申请。但不同之处在于，美国研究型大学招生更多看重重点中学在学业课程难度设置、学生质量管控、大学前置课程开设等方面是否具有良好的记录。同时，这些学校还注意差异化认定学生中学学业表现的不同分数，注意各不同中学的课程难度比较，尤其注重对不同中学评分标准差异的把握。美国关于人才能力特长的认定大多遵循“无罪推定”，要求学生对其能力特长及相关细节进行介绍，并以此来判定学生能力特长的真实性及水平状况。此外，美国招生与中国的不同之处还在于，美国并不过度强调能力特长的显性表现，如奖项获得、运动员资质等，而更多的是关注学生自主参与各项能力特长建设的情况。美国研究型大学关于人才选拔的上述简单化思维，反而营造出了较为诚信、也较为可靠的对于候选人甄别的制度环境，也因其更多关注学生成长过程和能力特长本身，而非各项以奖励为代表的结果性评价，才真正促进了学生自主发展能力特长，而不是功利性地获得各类证书奖励。

三是公平保障的简单化处理。美国研究型大学高度关注招生公平问题，并采取多种有效举措付诸实践，严防公平问题发生。一是高度关注弱势群体招生的公平参与问题。高校肩负着招生宣传的重要职责，往往不惜成本投入巨资进行各类宣传画报、中学宣讲等活动，也通过校园开放日等活动吸引学生到目标学校进行现场体验。在此过程中，一些公平细节非常重要，如部分高校专门为家庭贫困学生提供校园开放日免费机票和住宿，避免弱势群体因经济问题错失高校入学机会。

在招生录取结果的公平保障方面，也建立有录取结果的检查机制，如对部分材料可疑的候选学生将通过突击互联网面试等方式反复多次、多样化地进行甄别。同时，强调经济资助在招生调节中的重要作用，一些学校形成了收入补偿的招生方式，也即高校全部或部分支付学费与家庭实际支付能力的差额部分，以此防止弱势群体因经济受限而被研究型大学拒之门外。相比于中国，美国研究型大学的招生录取活动在公平问题方面更多集中在种族、性别等少数话题上，而关于社会资本对于招生的影响等方面则较为弱化。

美国简单化进行招生处理还体现在其各项流程细节设定等具体方面。很长一段时间以来，该种简单化的招生录取活动是美国人才招录和培养成功的基础，该种简单化思维导向的招生录取理念，其背后是对人性基本的尊重，是对于人才成长规律的长期经验性和科学性把握的平衡。美国对于人才甄选的有效性，并不低于上述现代信息化手段对人的科学化计量的准确性，从某种意义上说，高校招生录取活动最终还必须落实到人对人的考查，落实到对人的丰富性、未来多样性和潜在创新性的综合评定上，而这恰是以人工智能为代表的现代信息技术短期内所难突破的。需要指出的是，中国传统高考制度更多是一种简单化的人才选拔活动，试图通过单一的智力表现考查寻求最聪明的学生，与美国上述简单化的招生考查不同，美国更加强调人的多元能力和多元成材，美国招生录取的“简单”更多是建立在长期丰富的录取经验基础上的，美国招生官员所获得的上述充分信任和自主权限，也是基于其长期以来高度专业性的人才选拔历练。从此种意义上来说，中国现行的自主招生制度改革，应大力加强招生官员的专业化水平建设，真正形成像美国研究型大学一样的简单而从容的招生录取制度设计和专业化招生官员队伍。

三、寻求复杂化与简单化的统一：中国的可能方向

美国的简单化但相对稳定成熟的研究型大学招生录取模式特别值

得中国借鉴。但是，在中国推行却缺乏现实环境土壤。比如，强关系理论主导的中国环境下，如果高校派遣同城校友进行面试活动，则可能增加不确定性风险。再如，缺乏结果导向的能力特长认定，则可能滋生申请材料制假造假等多类问题。美国高校高度尊重人性、尊重学生成长规律、注重过程性评价、千方百计保障教育公平的招生经验仍然特别值得中国学习，其简单化的招生理念，也恰恰符合中国高校自主招生的未来定位。未来的中国高校自主招生，应逐渐走出传统高考选择少数精英、淘汰大多数学生的高筛选模式，逐渐变为认同大多数学生、帮助更多学生在更多方面取得成功的多元成材模式。美国简单化的招生模式，其背后也包含对高校自身的充分信任，尤其是教育行政主管部门全方位落实高校办学自主权、高校视学校声誉如生命的基本假设。美国高校的该种理念与刚性的公平监测理念完全不同，但反而可通过高校自律而达到更好的公平效果。

而以人工智能、大数据等为代表的复杂化的人才招录方式，尤其是人才判定的信息化方法，将随着技术本身的逐渐成熟，以及技术与招生活动衔接的日益紧密，成为中国高校自主招生人才选拔的辅助手段，而且通过数据化思维提高招生录取的科学化程度还可以降低招生活动成本。但是，该种信息化技术手段与上述美国研究型大学现行的简单化的招生理念是有冲突的，信息化手段强调精确化的人才计量，是标准化人才选拔理念在信息技术领域的延伸，将可能形成对人才三六九等的严格区分。而美国简单化的招生模式看似“慵懒”，实则真正给予了学生自由发挥的权限，也给予了学校考查学生发展潜质和可塑性的招生特权。因此，本研究认为，未来中国高校自主招生的改革方向，将有可能遵循美国简单化的招生录取模式的总体方向，同时辅之以信息化手段，解决中国国情中可能存在的社会资本寻租等现实问题，最终将可能形成人与机器密切配合、柔性与刚性有效衔接、理性与感性交织融合的新的人才选拔制度体系。

8　社会中介机构对于高校自主招生改革的影响

《国家中长期教育改革和发展规划纲要（2010—2020 年）》（以下简称《规划纲要》）明确提出要鼓励社会中介机构参与高校招生制度改革。以传统高考为代表的标准化考试，更多凸显的是对人才的智力选拔理念，而缺乏对能力特长尤其是发展潜质的综合评价。相比而言，自主招生制度设计则更强调对人才多元能力的评价。此种背景下，一批营利与非营利性教育中介机构不断涌现，部分承担了高校自主招生制度改革的相关职能，为自主招生改革注入了新的活力。但与此同时，由于资本的逐利性，以及传统的教育中介机构的历史惯性等问题，可能在某些方面影响甚至限制了自主招生制度改革。

一、社会中介机构：自主招生制度改革的助推器

自主招生制度设计具有较大弹性，这尤其体现在人才选拔与考核标准、人才侦测手段与方式、人才认定结果与技术等多个方面。面对自主招生制度改革，一些缺乏多元智能理论及相关理念储备、缺乏人才选拔历史经验与技术手段的高校，在自主招生人才选拔的科学性及成本等方面暴露出诸多问题，以传统奥赛、小小发明家、专利获奖、论文发表等为代表的传统自主招生门槛设定，大大限制了其他多种类型的中学生人才有效参与自主招生活动。此种背景下，一些社会中介机构按照《国家中长期教育改革和发展规划纲要（2010—2020 年）》

的总体要求，试图参与到自主招生的制度改革之中。主要体现在以下方面。

一是社会中介机构试图参与到多元选材的标准制定之中。一些社会中介机构敏锐地发现，传统的自主招生报考门槛设定是基于对传统保送生制度的传承，强调奥赛、发明等硬性的各类奖励获得，而缺乏对于更多具备其他能力特长学生的政策关照。也即，自主招生传统的门槛设定往往“挂一漏万”，对少数候选者的少数能力特长予以认定的同时，却否定了绝大多数具备其他能力特长、却难以纳入各高校自主招生报考条件的广大学生。部分社会中介机构试图弥补传统各类奖项设定的范围限制，形成更加多样化或更加综合化的人才评定标准；一些社会中介机构尝试自行组织各类奖项和赛事，以反映中学生学业能力，尤其是非学业能力；一些社会中介机构甚至试图形成包罗更为广泛的赛事体系，既自行组织中学生参赛，也不断吸纳其他社会中介机构参与到中学生赛事活动，最终形成体系化的中学生能力特长认定系统，并有效实现与高校和中学的对接，游说各高校在自主招生制度设计过程中，将这些新的赛事活动或奖项纳入自主招生报名条件之中。

二是社会中介机构试图通过各类举措影响自主招生录取结果。一些社会中介机构由传统的教育咨询辅导机构直接转型而来，将自主招生视为历次高考改革中的一项，并根据经验试图从中获取经济利益。比如，大多数教育咨询服务机构都以社会中介机构的形式出现，这些机构通过开展自主招生义务政策宣传等活动，虽然部分承担社会中介机构职能，但难以避免落入传统的收费开展教育培训的窠臼。该种类型的社会中介机构，在自主招生政策试点早期就已经出现，但往往并不冠之以教育公司等明显的营利性头衔，而是以研究机构等为幌子宣称自己为社会中介机构，部分社会中介机构甚至打着某些具有自主招生权限的高校的旗号来开展各项活动。这些机构将注册和工作地点放在高校或其附属科技园等场地，以达到迷惑学生和家长的目的。早期该种类型的社会中介机构，与传统的社会补习机构性质相类似，都围绕笔试与面试试题的讲授开展主营业务，但后期却出现了分化。一部分上述社会中介机构真正开始了自主招生的政策研究，试图通过对政策的深入解析，帮助家长进行自主招生决策；另一部分社会中介机构，则进一步向更加深入的应试性教育培训机构转型，甚至印制和出版了大量自主招生领域的参考教材和应考书籍。上述社会中介机构的最终目的，都在于通过实现学生的自主招生录取而获利，都想通过培训或其他方式方法影响高校自主招生录取结果。

三是部分社会中介机构试图开展自主招生评价，以此获得相关教育资源与社会资源。还有一部分自主招生社会中介机构，开始逐渐向社会咨询机构转型，试图通过部分开展自主招生相关研究活动，形成具有“抓手效应”的自主招生评价机制，达到树立社会影响、占据教育资源的现实目的。比如，少数自主招生社会中介机构开始尝试发布自主招生的各类排行榜，以此调动中学及相关自主招生参与主体的积极性，并有效树立自身在本领域的权威性，以此在教育培训等环节达到利益的最大化。

上述关于自主招生社会中介机构的现实表现并非是割裂开来的，一些较大规模的社会中介机构，往往在自主招生领域包含上述多种基本特征、多类具体业务。少数社会中介机构已具有较为广泛的社会影响。除此之外，一些自主招生社会中介机构，也尝试将自主招生相关业务与高考相关业务相融合，尤其是与高考志愿填报等相关业务实现对接融合，真正形成体系化的自主招生活动系列，成为自主招生制度设计中具有影响力的一环。

二、社会中介机构：对自主招生制度的正向与负向影响

社会中介机构对自主招生政策、信息和机会的捕捉是非常灵敏的，其对多样化开展自主招生活动具有积极意义。与此同时，由于社会中介机构自身的资本逐利性，以及各类历史惯性等问题，也可能造成对自主招生制度改革的现实伤害。对于社会中介机构与自主招生制度改

革的关系，应进一步做出科学评测和研究，趋利避害，既最大化发挥社会中介机构在自主招生制度改革中的积极效应，又防止部分社会中介机构可能带来的各类自主招生公平危害。

（一）应明确社会中介机构对自主招生改革的积极意义

从欧美等主要发达国家的考试招生制度来看，社会中介机构是招生考试制度体系设计的重要一环，甚至是关键一环。以美国为例，该国形成的多项标准化考试，在历史上大都是由社会中介机构在职能发挥过程中不断完善和演变而来的。一些社会中介机构，尤其是非营利性社会中介机构，在促进招生考试科学化水平提升，尤其是保障教育公平等方面，发挥了关键的社会作用。如英国的非营利性教育考试社会中介机构 UCAS，就主动帮助弱势群体考生对接各类信息资源，客观上达到了畅通招生信息渠道、促进教育公平的现实目标。中国在教育尤其是招生考试领域的社会中介机构起步总体较晚，其社会效应的发挥可追溯的历史也比较短暂。即使如此，仍应充分认识到社会中介机构对于自主招生制度改革，乃至整个中国的招生制度改革所具有的积极意义。

一是社会中介机构可以弥补传统自上而下的招生考试制度设计的不足。以自主招生制度改革为例，其制度推进过程中更多遵循自上而下的价值理念，所形成的各类政策设计，在保证其方便推进的同时，却可能忽视了对自下而上改革呼声的回应。比如，对于多种多样的中学生能力特长的选拔与认定，就缺乏足够的社会调研与制度设计，导致现行的自主招生制度设计更多有利于传统竞赛类等人才，不利于真正调动多种类型学生参与的积极性，也无法真正实现多元选材多元成材目标。而各类自主招生社会中介机构，则主动响应自下而上的社会诉求，开发设计出各类满足中学生能力特长需求的奖项与赛事，极大丰富了自主招生的制度体系，具有积极意义。

二是社会中介机构更为灵活多样，可以帮助自主招生制度实现与高考的有机衔接。自主招生社会中介机构，更多发挥着招生考试改革的润滑剂作用，通过不断努力促进了自主招生与传统高考制度的有效衔接。比如，一些社会中介机构开始尝试将高考志愿填报服务活动与自主招生学生选校活动实现有机融合，这方便了学生的同时，也降低了学生参与自主招生的制度成本，增加了自主招生选材与高考选材的衔接度，降低了通过自主招生录取学生的流失率，这在某种意义上也节约了自主招生人才选拔的成本。

三是社会中介机构在考试科学化等方面，对自主招生改革也大有裨益。一些高校缺乏有效的自主招生人才甄别能力，其人才选拔的科学性水平较低，近年来大量怪题甚至错题被媒体曝光就是证据之一。此种背景下，社会中介机构主动承担起部分人才认定的职能，通过标准化试题命制与非标准化能力认定，将相关结果提供给高校供招生决策参考，另一些社会中介机构则主动开展自主招生命题科学性研究，及时为高校出谋划策，这些中介机构的努力，一定程度上促进了自主招生制度的科学运行。

四是社会中介机构也充分发挥了公平保障与公平监督职能，促进了自主招生制度更为公平地运转。一些社会中介机构密切关注自主招生公平问题，创立公平监测指标；少数社会中介机构还通过自身努力，试图提升弱势群体的自主招生参与度；也有少部分社会中介机构，试图通过有效研究及时监测和反馈自主招生公平状况等。中介机构的类似举措一定程度上有利于保障自主招生制度的公平运行。

（二）要警惕社会中介机构可能对自主招生制度改革带来的现实伤害

当前与自主招生相关的社会中介机构也存在各类问题，教育行政主管部门、高校、中学尤其是中学生及家长，应更为清晰地对这些社会中介机构问题保持清醒认识，防止或降低社会中介机构对自主招生制度改革可能带来的负面影响。

一是自主招生社会中介机构鱼龙混杂问题突出。当前既没有关于自主招生社会中介机构的统计口径，也无法回答当前到底有多少类似的社会中介机构存在，更缺乏对自主招生社会中介机构准入门槛的设定。因此，大批各类教育机构都打着社会中介机构的旗号开展自主招生活动，客观上造成了当前自主招生社会中介机构鱼龙混杂的情况。据一些新闻媒体报道，少部分社会中介机构还进行招生寻租，打着可以精确化开展应试培训，甚至邀请命题专家现场讲解等旗号，进行自主招生敛财活动。也有一些媒体报道显示，部分社会中介机构缺乏必要资质、脱离现实监管、出版非法读物等，甚至造成较为恶劣的社会影响。类似问题都是当前自主招生社会中介机构鱼龙混杂、质量参差不齐、监管缺位的现实表现。

二是资本的逐利特征，使部分自主招生社会中介机构往往具有功利性目标。部分自主招生社会中介机构，其本质是资本在自主招生领域的运作，试图通过资本投入获得最大化收益，这大大降低了各类社会中介机构的公益性功能实现。一些社会中介机构即使提供部分信息宣传等义务活动，但也在其他活动环节设置收费事项，最终目标仍是追求经济利益最大化。一些社会中介机构片面夸大自身所设置的奖项对自主招生报名和参与的影响力，吸引数量众多的中学生缴费以达到营利目的。一些社会中介机构以免费宣讲为噱头、行教育培训收费之实，夸大培训效果，导致各类自主招生培训“天价班”的出现，引发社会诟病。

三是部分社会中介机构的制度惯性，导致其无法真正融入自主招生制度改革。一些自主招生社会中介机构，对于自主招生改革的定位存在偏差，将之视为高考制度的延伸和补充，将其与传统的各类高考加分活动相混淆。因此这些社会中介机构试图通过标准化的自主招生活动设计，运用培训等手段提升学生的应试能力。该种历史惯性，在某种程度上会造成自主招生人才选拔的制度设计失灵。如果社会中介机构真能探寻到参加自主招生的“捷径”（如高校自主招生试题），则将客观上削弱甚至瓦解了自主招生制度改革对于中学及上游环节的影响。即使一些非营利性自主招生社会中介机构，其在业务开展过程中也存在质量水平整体较低等社会问题。本课题组在参加 2017 年某自主招生科学选材高峰论坛过程中发现，一些社会中介机构的负责人在关于自主招生理念、制度设计、技术细节等方面的认识程度存在极大差异。

三、促进社会中介机构更好服务自主招生制度改革的若干建议

事实上，自主招生社会中介机构的上述问题，部分是由于自主招生制度试点时间较短、自主招生制度本身仍不完善、制度尚未定型等原因造成的。但也是中国教育类社会中介机构现实表现的缩影。如何最大限度地发挥社会中介机构对自主招生制度改革的正向价值，最大限度防止自主招生社会中介机构可能产生的不良影响，需要学术界和实践界认真开展研究。本课题组建议，当前时期应至少在以下方面有所行动。

一是明确自主招生社会中介机构的职责任务，为中介机构的形成与发展创造现实土壤。《规划纲要》提出了社会中介机构有效参与中国高校招生制度改革的现实命题，给予了社会中介机构参与自主招生改革的政策土壤。本研究也指出，西方主流国家的社会中介机构在招生录取制度中大都扮演着重要角色，因此，在理念层面，不应视自主招生社会中介机构为洪水猛兽，而应充分给予其招生参与的各项制度与政策保障，鼓励和引导各类社会中介机构的生成和良性运作，给予其发挥自身功能、服务招生制度改革的现实空间。通过有效的改革设计，打消各类社会中介机构的后顾之忧，甚至通过政府购买服务等有效手段，分担部分社会中介机构的运行成本，形成自主招生各参与主体与社会中介机构和谐共生的良性招生生态系统。

二是规范自主招生社会中介机构的资质认定和管理权限。针对当前自主招生社会中介机构鱼龙混杂、易引发自主招生科学性与公平性问题的现状，教育行政主管部门应主动作为，针对自主招生制度设计的现实规律，开放自主招生社会中介机构的认定标准，帮助社会中介

机构接受官方认定和规范管理，避免其因缺乏监管，以及资本本身的逐利性，和上述历史惯性而引发野蛮生长、暴力参与，甚至游走在法律和政策边缘等问题发生。教育行政主管部门和高校，也要在资质认定基础上，加强对社会中介机构的有效管理，一方面为其提供公平参与自主招生活动的相关保障，对于部分确有社会贡献的社会中介机构，要予以有效保护，对其所创设的有效的自主招生学生能力特长认定方法，应给予某种程度上的认可。另一方面，对于扰乱自主招生招录活动，甚至存在违规违法行为的部分社会中介机构，要依法依规进行及时处理，避免部分社会中介机构对自主招生制度设计的污化等问题发生。

三是促进社会中介机构在自主招生制度设计中的有效嵌入。未来的中国高校自主招生制度改革，不应拒绝社会中介机构参与和监督，应在下一步招生制度改革设计中，注重社会中介机构的参与环节设计与参与内容设计，应组织有效力量，对自主招生制度改革试点以来各类社会中介机构发挥效应的情况做出科学评估，应及时总结经验、发现问题，有效借鉴西方国家社会中介机构在招生录取活动中的经验做法，真正形成各自主招生参与主体与社会中介机构的有机融合，共同推动自主招生制度改革。

9　自主招生改革的动机与分化

自主招生制度改革是一项高度强调各方参与的人才招录模式。但也恰因为此，各主体参与动机的不同，往往会带来自主招生改革效果的巨大差异。当前，无论是高校还是各中学，以及地方教育行政主管部门、中学生和所在家庭，对待自主招生制度改革的态度是迥然不同的，同一参与主体内部的动机差异也较大。为此，进一步理顺自主招生参与主体的目标定位、参与过程、分化状况与应对策略，是增强各主体自主招生参与动机、提升自主招生改革效果的关键所在。

一、动机与自主招生改革的分化

当前自主招生主要包含三大类参与主体，各主体之间参与动机不同，各主体内部也已经出现参与动机和参与结果上的分化。该种分化在某种程度上形成了自主招生的多样化特征，既可能促进高校自主招生活动向特色方向发展，促进中学素质教育良性开展，也可能降低自主招生改革活力，形成零和博弈甚至负向博弈，危害教育公平。

一是高校的动机与分化。

本研究将持不同自主招生改革观点的学者大致分为三个派别。第一类是“激进派”，即赞同深入推进自主招生改革试点，甚至主张将自主招生改革扩大到更大范围、深化到更长线的教育阶段。第二类被称为“保守派”，即试图削弱甚至消灭自主招生制度，回归传统高考“正途”。第三类被称为“温和派”，即居于上述两种派别之间，既赞同自主招生，又担心短期内自主招生改革过快推进。

与上述学者分类相似，高校参与自主招生试点的动机也各异，形成了事实上的三类不同组别。第一类也可称为“激进派”。部分高校热烈欢迎自主招生制度改革，在历次自主招生改革政策框架内，都试图最大化地进行改革试点，无论是在人才招录标准还是人才选拔过程，以及人才选录结果使用等方面，这些高校都走在了改革前列。典型的是以清华大学、北京大学、复旦大学等为代表的部分高校，它们通过十余年来的改革试点，已经逐渐形成了一套相对成熟稳健的自主招生人才选拔制度。第二类是“保守派”。该类高校似乎并不完全认同自主招生的改革理念，或对自主招生改革持保守观望态度，体现在其招生改革活动中表现出“忐忑之情”，一方面由于其本身的重点高校定位、与其他高校自主招生试点的生源竞争关系等原因，这些高校害怕错失自主招生改革机遇，千方百计试图成为自主招生改革试点高校；另一方面，这些高校又无法在理念甚至深层次的人才选拔理论上，与自主招生改革目标相一致，在改革力度方面趋于保守，往往亦步亦趋，行走在整个自主招生试点高校的尾部，比如，一些高校在自主招生试点要求拿出不超过5%的招生计划指标用于自主招生改革的历史时期，往往只能拿出2%左右的招生指标参与试点。还有一些高校改革试点降分幅度偏小，甚至远低于清华大学、复旦大学等名校的降分幅度。第三类即游离在“激进派”与“保守派”之间的“温和派”。该类高校遵循“随大流”的整体思路，走在自主招生改革队伍的中间，通常无法从其招生简章、招生活动和对招生结果的认定方面，判断其真实的改革意图和目标指向。

高校自主招生制度改革的上述阵营分化，也体现在曾经短暂出现的自主招生联盟等方面。应该说，此种分化某种程度上是落实高校办学自主权的现实体现，也即各高校在办学自主权落实过程中，对于办学自主权在招生领域的理念、认知是存在较大差异的。这既可能与校本情况有关，比如客观上缺乏适应自主招生制度体系的招考能力，也可能与高校领导者个人的意志甚至喜好有关，或者与某些高校历史上是否具有改革文化等历史惯性存在关联。

与此同时，该种高校对于自主招生改革理念的分化，也客观上形成了自主招生制度改革效果参差不齐的现实状况。在部分高校，自主招生制度改革如火如荼地开展，在招生简章、录取实践、公平保障等方面已经探索出了极为有效的现实路径，已经与现代化的全球高校招生制度形成匹配之势；而在另一些高校，则仍停留在自主招生改革的试点初期阶段，某些高校自主招生简章连续多年甚至十多年未发生显著变化，这些高校丧失了宝贵的改革机遇。一些学校不仅实现了自主招生本身的制度改革，而且有效促成了自主招生人才选拔与入校后高校人才培养的有机衔接，已经培养出了大量优秀的自主招生人才。而另一些持观望态度的高校，部分自主招生学生的能力特长在进入高校后不升反降。当然，一些选择“激进式”改革的高校也承担着巨大的改革压力，甚至承担了部分因招生改革失误甚至失败造成的现实问题，这也是一些“保守派”高校在面对自主招生制度改革时举棋不定、犹豫拖延的现实原因之一。

二是中学的动机与分化。

自主招生制度改革试点初期，中学就形成了针对自主招生制度的三层分化，并一直延续至今。

第一，是参与有无的分化。全国数万所高中及相同层次的高中阶段教育机构，真正参与到自主招生活动的只占很小比例，中学内部出现了巨大的自主招生参与与否的分化。没有实质性参与自主招生活动的中学，既可能是由于缺乏信息途径，也可能是高校拒绝将自主招生名额在这些中学进行分配，或因为其他客观原因造成了被动性的自主招生参与机会丧失，抑或者是由于对自主招生制度本身关注不够、理解不深，或是对本校人才培养质量和学生能力特长信心不足，甚至可能由于个体中学领导的喜好等原因，主观上造成了这些中等教育机构自主招生参与机会的丧失。

第二，是否有能力获得自主招生名额的分化。如果依据是否成为自主招生试点高校的生源基地，是否能够获得高校自主招生初选授权来划分，那么即使参与了自主招生活动的数千所中学，也存在着显著的内部分化。一部分中学获得了更多的高校授权，成为自主招生人才选拔中的一环，并通过建立与高校的生源基地联系，形成了通畅地与高校交换信息、资源、生源的渠道。另一些中学，虽然也部分参加了自主招生活动，但其自主招生覆盖程度、参与效果（如最终录取人数）等与上述中学却存在显著差异。本课题组连续多年在自主招生考场外对自主招生学生家长进行的问卷调查显示，绝大多数进入自主招生考场的应考学生，其招生名额都来自“中学推荐”，但也有少数学生来自“我推自荐”，这一调查结果在某种程度上恰恰是自主招生体系中中学分化的现实体现。

第三，重点中学与超级中学的分化。自主招生强化了重点中学的内部分化。即使在重点中学内部，也存在着自主招生参与程度、参与结果的显著分化。一部分重点中学虽然获得了部分试点高校青睐，获得了部分自主招生资源，形成了与部分高校的自主招生连接通道，但与另一些中学相比，却存在着量与质上的显著差异。自主招生凸显了部分超级中学的现实存在。一些超级中学所掌控的自主招生资源以几倍、十几倍甚至几十倍地多于其他重点中学，该种分化的剧烈程度远超高考，甚至超乎正常想象。中学在自主招生参与中的上述分化，是高校基于中学生源输送历史所进行的人才培养质量的判断，具有“马太效应”和“赢者通吃”的基本特征。相比于高考基于显性的分数筛选的价值逻辑，自主招生则赋予了高校自由认定生源基地和中学投放名额的新权力，使自主招生所形成的中学间资源分化远远大于传统高考，并且具有很大的弹性（如年度间弹性）。

中学内部的上述分化，其有利之处在于，促进尤其是激活了部分龙头学校的参与积极性，客观上保障了自主招生试点初期的改革推进，部分达到了政策设计目标，并客观上与优秀生源大多分布在重点中学尤其是超级中学的现象是吻合的。但与此同时，自主招生的中学分化弊大于利，既加剧了传统高考已经存在的中学间差距，也用传统高考标签选拔自主招生人才，“新壶装旧酒”，迷失了自主招生改革的方向，形成了新的自主招生不公，尤其是可能丧失中学的多样性。事实上经过长期以来应试教育的“熏陶”，中学已经客观形成了较为严格的分层与等级制度，多样化本身已经是中学的“奢侈品”，自主招生如果加剧了该种分化，则可能进一步破坏中学教育的生态系统。

三是中学生及家长的分化。

在现行的中小学教育体制下，经济资本和文化资本对于学生能力特长培养的影响，已随着改革开放以来中国经济社会发展水平的不断提升而日益体现。以钢琴学习为例，城市家庭子女学习钢琴并通过等级考试已司空见惯，而钢琴对于农村或其他弱势群体家庭子女而言仍然是“稀罕物”。该种显著的中学生能力特长分化，至少是可经认证的各类能力特长奖项分化，已经显著存在并逐步固化。而自主招生制度设计本身，和自主招生执行过程中的某些政策手段，却进一步加剧了该种分化，客观上形成了占据更多经济资本、文化资本的家庭，其子女更多拥有匹配于自主招生选拔标准的能力特长，而文化资本、经济资本缺失，来自弱势地区、弱势阶层和弱势中学的学生，则可能仍然只能以传统高考为主战场，无法有效参与到自主招生活动之中。

与此同时，自主招生也客观上由于信息资源占有的差异，形成了中学生群体及其家庭的现实分化。传统高考对于家长和学生的信息获取能力要求较低，只需按照高考分数，结合志愿填报相关策略，进行高校信息占有和使用即可。自主招生制度设计在此方面则大为不同，个体化甚至个性化的高校招生简章，不同高校的能力特长要求等，都对弱势群体信息占有提出严峻挑战。是否知晓自主招生信息，多大程度上熟悉自主招生政策，是否能够用好用足自主招生政策，甚至已经成为自主招生人才选拔的关键影响因素。不知道、不了解甚至惧怕自主招生改革的弱势群体，往往被排除在该项招生制度之外。该种分化有很多现实表现，比如，本课题组长期坚持在中学进行自主招生政策宣传，过程中发现，中学家长已经出现了两种截然不同的分化。一部分中学家长对自主招生毫不知情，对该项制度非常好奇，试图通过自主招生宣传获得部分信息；另一部分家长则甚至已经达到“专家水平”，对各高校自主招生简章、报名门槛、能力要求和自己子女的能力储备等如数家珍，已经占据了自主招生信息的制高点。该部分家长也往往成为学生自主招生参与的重要助手，在信息收集甚至各类报表填写、材料准备、应试准备和出行差旅等方面能为学生提供大量支持，大大增加了学生自主招生应考的成功率。

学生和家长对于自主招生的上述分化，既有主观原因也有客观原因。客观方面，一些中学本身对自主招生了解不够、重视不够，导致以中学为主要信息获取途径的学生和家长，对自主招生产生强烈的陌生感。一些中学尤其是弱势中学，长期推行应试教育，形成了牢固的应试教育场域，不利于本校学生的能力特长养成，使本校学生在自主招生活动中处于劣势地位。类似的客观环境还有许多，这些都是造成自主招生学生和家长分化的重要原因。主观方面，也存在着破坏自主招生宣传等主观原因。一些中学出于利益考量，在自主招生试点过程中，更多将自主招生视为“政策福利”，拒绝广泛宣传，而是进行内部的推荐名额分配，主观上造成了学生和家长对自主招生政策信息的占有不足。

学生和家长在自主招生参与中的上述分化，还体现在从自主招生知晓率、报名率到成功率的多个自主招生技术指标上。上述分化，既是中国经济社会发展尤其是教育发展整体社会分化的现实表现，具有客观性和阶段性，也是自主招生制度推行所引发的教育公平新问题的来源之一，既可能客观上使得部分符合自主招生人才选拔理念和标准的中学生人才脱颖而出，也可能进一步加大了弱势学生与非弱势学生、弱势家庭与非弱势家庭的教育公平鸿沟，并可能固化形成新的制度性和结构性的教育公平问题。

自主招生参与主体的分化，不仅仅体现在上述各参与主体内部的分化，各主体之间也存在衔接缺失、错位的各类型分化。比如，高校通过建立与中学的生源地模式，客观上形成了高校与中学的分化组合。本课题组研究发现，北京两所“985 工程”建设重点高校，在学科方向和办学实力总体接近的情况下，却出现了自主招生学生来源中学的显著分化，从两校某年度招录的数百名自主招生学生的中学名单分布来看，两校竟然有 80 多所中学是完全不重合的，也即，有 80 所中学只向单一高校输送自主招生生源。这很有可能说明，高校已经形成了与中学的某种招生连接，自主招生分化在中学层面已经达到了各说各话的严峻状况。

二、自主招生分化：公平影响与干预

上述高校、中学和学生家庭的自主招生分化，可能具有某些优点，比如推动高校办学自主权落实，促进高校按照校本特色开展招录活动等。但总体而言，该种分化更多会带来各种现实危害，核心是对自主招生公平造成伤害。

一方面，自主招生分化所形成的技术性或制度性割裂，将可能大量牺牲弱势群体的招生利益。自主招生与传统高考不同之处在于，高考虽然也存在强弱地区、强弱中学和强弱社会阶层的分化，但该种分化是控制在有限范围，即使是最差的学校或最差的学生，也有机会通过高考测试，实现与强校和优势学生的同台竞技。而自主招生制度设计则完全不同，自主招生对于弱势地区、弱势中学、弱势阶层的学生形成了制度性隔离，绝大多数中学和中学生都被排除在该项招生活动之外。自主招生试点至今，一些中学领导、中学生、家长甚至仍然没听说、不了解、不知道如何参与自主招生活动，这显然已经形成了事实上的制度性割裂，该种割裂如果不能有效打破，将严重背离自主招生制度设计“不拘一格选人才”的总体目标。从以传统高考为代表的一元智能选拔，到以自主招生为代表的多元智能选拔，其本质不应在于对奥赛、专利等少数能力特长的选拔认定，而应放眼于全体候选学生，给予所有利益相关者公平的知情权和参与权，这也是自主招生公平在起点公平方面的应有作为。

另一方面，该种分化也导致了巨大的自主招生改革成本出现，由于部分自主招生参与主体存在着对于自主招生理念、过程、参与细节的各类分化，导致自主招生制度设计对部分参与主体、部分参与过程存在政策失灵、政策失效和政策成本过高等问题。以高校为例，由于对待自主招生理念的巨大差异，一些高校长期消极被动参与自主招生改革，高校在丧失了宝贵改革机遇的同时，也形成了巨大的招生改革成本。比如，一些高校所设定的自主招生报名门槛过高，将绝大多数应考者拒之门外；与此同时，所设定的自主招生降分幅度又过低，导致获得自主招生录取资格的学生，即使不使用自主招生优惠条款，仍可以进入目标高校，客观上造成了政策失灵、政策效率偏低等现实问题。而高校的自主招生人才选拔成本是客观存在的，该种高成本、低回报的自主招生改革，不仅造成大量招生资源浪费，其本质上也有悖于自主招生公平理念。

此外，一些自主招生参与主体，因自身原因所形成的分化，也部分伤害到了自主招生公平。比如，一些中学自主招生信息传达不畅，导致信息资源掌握在少数知情者和决策者手中，并进一步通过内部分配（而非公开分配）的方式进行人员初选，造成了教育公平问题的发生。该种对于自主招生公平的现实伤害，既有悖于自主招生制度改革的总体理念，也可能直接剥夺了部分优秀学生公平参与自主招生活动的机会。

与传统高考相比，自主招生改革试点初期，广泛存在着要不要公平、公平与效率谁先谁后、孰轻孰重的价值争议。但经过一段时间的改革试点，学术界与实践界都普遍认为，作为一项重要的招生活动、教育活动乃至社会活动，公平应是自主招生制度设计的应有内涵。教育行政主管部门也及时提出了自主招生制度设计应有利于教育公平的总体理念。因此，自主招生公平的有效保障，是自主招生制度设计的应有之义，也是成为学术界和实践界受邀关注的议题。由于自主招生参与主体的现实分化所造成的对于自主招生公平的影响应引起足够重视，应采取有效措施及时加以改进，形成有利于自主招生公平的制度环境和技术手段，形成有利于自主招生公平的保障机制、反馈机制、问责机制等。

解决上述分化所引起的自主招生公平问题，其核心应从以下三个方面着手。

一是应畅通自主招生的信息渠道，通过提升自主招生知晓率，降低不同参与主体自主招生信息占有的差异，促进自主招生各主体的参与公平。应通过多种举措促进自主招生信息联通，形成刚性的自主招生信息传播保障机制，帮助弱势地区、弱势中学和弱势阶层学生全面掌握自主招生动态信息，在信息起点上保障弱势群体的公平参与，真正促成自主招生利益相关者在制度参与上的起点公平。在此过程中，尤其要注意破除自主招生各项制度与政策壁垒，加强对自主招生信息管理和传播者的监督监管，打通客观与主观上阻碍自主招生信息传递的各个环节。

二是应形成自主招生改革试点的参与和退出机制。应动态调整自主招生改革试点参与高校，形成自主招生改革试点能进能出机制，降低高校分化，促进自主招生效率提升。应根据自主招生政策目标，尤其是教育公平目标，形成对参与试点的高校的动态评价机制，对各高校自主招生参与理念展开评价，对参与过程敷衍、招生过程推诿、发生招生事故等自主招生试点高校引入淘汰机制。对真正拥有改革积极性、达到改革效果要求的高校，则应允许其参与更深层次的改革试点，最终通过一进一出的动态调整，进一步凝聚高校改革共识，提升自主招生效率，降低改革制度成本，并有效保障自主招生公平。

三是加强自上而下与自下而上两种自主招生机制设计，降低中学与中学生在自主招生制度参与中的现实分化，提高自主招生公平水平。教育行政主管部门应通过有效的政策设计与改革引导，减小弱势中学与非弱势中学、弱势学生与非弱势学生在自主招生名额分配等方面的公平差距，促进更多的利益相关者公平参与该项招生活动。与此同时，也要认真思考自下而上的改革举措，充分调动基层中学、中学生的参与积极性，探索形成自下而上的自主招生多元主体参与机制，形成对于弱势群体参与自主招生活动的有效抓手。

三、凝聚共识：缩小自主招生制度改革分化

事实上，自主招生制度改革的现实分化，不仅仅存在于上述的高校、中学和学生家庭三个利益主体，不同级别的教育行政主管部门、不同的自主招生社会中介机构、传统媒体与新媒体的自主招生宣传等，也都存在着大量的现实分化问题。本研究认为，当前中国教育行政主管部门对待自主招生改革试点中的上述分化，应持明确统一的态度，即应将分化控制在有限范围内，应引导良性分化（如因分化所形成的高校差异性选材与差异性办学）；应努力克服和消除不良分化，营造更加科学公平的自主招生制度环境；应强化对破坏自主招生制度设计、造成各类不良分化的自主招生主体的监督，最终通过共同努力，降低分化，促进自主招生各方达成改革共识，降低自主招生改革成本，凝聚形成改革合力，共同推动下一阶段的改革实践。

10 中学在自主招生中的角色扮演：问题与调试

不同于任何一次招生制度改革，自主招生改革对于高校招生录取理念与技术的影响是根本性的。尤其是自主招生引入了分权制度模式，中学等招考利益相关者的介入，形成了新的招生考试利益格局。一段时间以来，中学在自主招生参与中的角色定位不准、各方利益牵涉过多、招生参与专业化程度不高等带来的各类自主招生问题需要引起足够重视，需要通过制度举措有效加以解决。

一、过程视角的中学自主招生参与

传统高考格局中，中学扮演着合格学生输送的单一角色，更多承担着基于对考试指标分解的各类人才培养任务，此外，中学在推荐保送及相关学生奖项推荐与授予等方面也具有一定的参与权。自主招生改革则大大加强了中学在招生活动中的参与度，这主要体现在以下两个方面。

一方面，自主招生是基于新的招考制度主动地向中学分权。相比于以传统高考为代表的、以智能考查为核心目标的标准化考试，自主招生制度强化了对学生能力特长的考查，尤其是凸显了对学生成长历程、教育背景和非智力因素的考查，但是高校往往很难运用传统方式方法和技术手段就学生的能力特长展开有效甄别，在此种背景下，由于中学与学生学习成长更为朝夕相伴，因此也更有资格评价学生的学习过程。按照自主招生改革的总体设计，改变中学应试教育状况是自主招生改革的关键目标，其中通过分权将中学更深程度地纳入自主招生活动，以此促进中学不断加强对学生的过程管理、开展学生的多元评价、参与学生的招生录取推荐等，有利于调动中学积极性，促进中学转变应试教育理念。从此种意义上来说，自主招生制度设计主动向中学分权，既具有制度设计本身的倾向性，也具有制度操作的现实性。

另一方面，自主招生是基于新的招考技术被动地向中学分权。自主招生将部分招生推荐等权限向中学分散也存在被动原因，核心在于高校招生录取受历史惯性、招考能力、技术方法等客观影响，传统的基于高考绝对分数的录取模式，对于高校招生工作人员的总体要求是较低的，依靠传统方法、依靠少数招生工作人员的正常投入就可基本胜任。而自主招生制度设计则凸显了学生的个体化特征，从批量化录取到个体化考核，必然带来对传统高校招生组织结构与功能的巨大挑战。因此，在自主招生改革初期，客观出现了高校招生部门应对乏力，不得已而向中学分权的客观实际，并形成了对于中学的路径依赖。

具体来看，中学的自主招生参与主要包含以下几个方面：

一是动议和初选权的部分分权。在自主招生制度改革初期，由于高校对自主招生的政策准备、人员准备和技术准备不足，加之部分中学的积极争取，曾出现大范围的中学进行自主招生学生推荐和初选的情况发生。一些中学尤其是被高校列为重点生源基地的超级中学，大量占有了相应高校的生源推荐权。本课题组对某年度北京两所理工科 985 高校的数据分析发现，同为理工科重点高校，且专业方向具有较强的一致性，但两校当年度最终录取的自主招生学生的中学分布却差异极大，甚至出现有 80 多所中学只向一所高校输送生源的特殊情况。这说明，一些中学已经形成了在自主招生名额中的末端分配机制，基本流程是，自主招生试点高校将当年度部分自主招生名额以指标形式向重点中学下放，中学则扮演进一步将该指标落实到人的末端分配角色。本课题组调研发现，在此过程中一些中学遵循“相对公平”原则，按照高中阶段历次重大考试结果，进行综合排序确定推荐学生名单；也有一些中学按照“推良不推优”的思维，将摸底考试成绩徘徊在某重点高校录取线上下的学生推荐成为自主招生学生，以增加高考录取率；还有一些中学并不存在严格意义上的末端名额分配机制，而是进行了内部的名额分配。应该说，在自主招生改革初期的一段时间里，该种中学参与自主招生名额动议和推荐的情况都不同程度地存在。本课题组于 2011 年和 2015 年两次在自主招生考场外，对考生家长进行了随机问卷调查，结果显示，虽然客观存在着部分学生通过自我推荐获得自主招生笔试资格的情况，但参加笔试的学生更大比例地仍然属于“中学推荐”名额。

二是推荐材料的部分分权。自主招生制度改革试图个性化、差异化、多元化和全过程地对学生的综合水平进行测量，在制度设计和具体的技术环节中部分效仿了欧美高校，设置了学生自荐、他人推荐等环节，这也导致中学在此过程中获得了新的权限。从主动方面看，高校自主招生制度设计大多要求中学提供“官方”的推荐意见，各类表格中大多包含有中学意见的栏目设置，中学成为自主招生的重要参与方。从被动方面看，自主招生增加了推荐信撰写等环节，学生往往选择中学任课教师作为推荐人，也进一步增加了中学的话语权限。而从现实来看，中学对于该部分新增加的自主招生权限并未做好有效监管。尤其与韩国等具有完善中学档案袋制度的国家相比，中国的中学并不存在科学系统的学生学业与非学业表现监测制度；与美国等更多强调学生的个性化成长和多元化成材的中学环境相比，中国的中学对于学生的推荐评价意见等书面材料，也往往出现重视智育表现评价、轻视非智育表现评价等客观问题。此外，一些推荐意见要么缺乏事实依据，为帮助本校学生获得更好的招录结果而夸大其词；要么推荐中学和推荐人并不了解学生非智力以外的其他表现，推荐意见千篇一律，充斥着没有事实依据的溢美之词；一些中学甚至还出现推荐材料作假等更为严重的问题。

三是部分招生命题权的分享。自主招生制度改革初期，部分试点高校存在自主命题意识不足、命题能力不强、命题科学化程度不高等问题，因此通过某种形式将命题权向中学转移。该类转移最主要的方式是邀请部分中学教师参与命题过程，中学教师不一定实际进行了试题命制，但中学的参与更多地带来了高考的命题惯性，导致自主招生试点初期一些高校的命题风格更多类似于加强版的高考，一定程度上削弱了高校在自主招生命题中的主动权。

四是高校选择的过程分权。自主招生改革也开启了类似于欧美国家的学生多校申请、多校录取、限时选择的基本模式，形成了学生与高校之间的新型招录关系。在自主招生早期试点过程中，往往出现优秀学生进行多校申请、多线作战、最终结果多重选择的现实情况。中学在此过程中客观承担了帮助申请人进行最后的高校选择的重要角色，尤其是在高校和申请人之间客观存在着招录信息不对称的背景下，中学对于学生的自主招生选择建议往往具有决定性影响。因此客观上形成了上述高校设定生源基地中学、生源基地中学反过来向高校有效输送生源的招生利益格局。

除以上四个方面之外，中学参与自主招生分权还大量存在于其他自主招生环节。比如，自主招生制度设计大大强化了省域层面招生名额的分配权限，尤其是一些拥有更多自主招生试点高校的省份，出现了自主招生名额分配显著不同于高考的现实状况，该种地缘优势进一步传导到中学，中学对自主招生活动的影响也因此在省域层面得以凸显。

二、利益视角的中学自主招生参与

从更根本的意义上来说，中学的自主招生参与，更多体现为对招生利益的争夺。相比于传统高考，中学在自主招生制度参与过程中，既有利益获得也有利益丧失。

在利益获得方面，一些有自主招生参与权限的中学客观获利，尤其在顶级高校名额的获得方面，部分重点中学获益颇多。本课题组调研显示，江苏省北部地区的部分县域内省级重点中学，由于自主招生改革，在北京大学、清华大学的最终录取率方面大幅提升，使部分市县改变了北大、清华高考录取在不同年度“忽有忽无”的不确定状况，因为自主招生在这些市县的重点中学进行了名额投放，这些市县每年可以确保考取2~3名北大、清华高校学生。类似情况在其他省市也有部分体现。其基本原因在于，一是自主招生制度设计降低了传统高考的不确定性，保护了有能力特长的考生，尤其是传统高考发挥不够稳定的考生。除上述北大、清华之外，一些重点中学学生在其他重点高校的录取机会也有不同程度的提升。二是组合化的自主招生录取概率增加。自主招生在传统高考之外，为中学的招生策略选择应对提供了新的选项，中学可以通过自主招生的政策调节，提高游离在重点高校录取线上下的考生的录取率，增加中学的重点高校录取人数。本课题的访谈发现，一些高中已经形成了比较有效的差异化高校招生录取组合，通过传统高考、自主招生、保送生、艺术和体育特长生等多种渠道的共同发力，客观上提升了被重点高校录取的学生比例。三是增加了中学的话语能力和话语权。自主招生打通了高校和中学的对话渠道，中学与大学的关系，从单纯依靠高考制度的传统弱关系连接，变为直接对接优秀生源的强关系连接。在此过程中，中学大幅增加了自身的议价能力，部分改变了高校在招生录取活动中占据强势地位的原有利益格局。中学既可以以生源基地等为筹码，与高校展开涉及其他利益内容的谈判，也可以“挟学生以令诸侯”，在学生自主招生高校选择等方面增强自身的话语能力。

三、中学自主招生参与的问题与改进

以上分析显示，无论是从过程视角还是从利益视角来看，中学都已较为深入地参与到了自主招生制度改革进程之中。从积极的角度来讲，这实现了与西方主流招生制度的有效对接，并通过中学的积极参与，改变了传统高校招生利益格局，尤其是高校与中学的地位失衡、单向联系、利益固化等传统格局，有利于调动中学在招生工作中的积极性，也有利于中学根据自主招生目标要求，改变办学思路和人才培养方式，切实按照自主招生要求推进中学素质教育，并将素质教育办学方向向上游教育环节传递。但与此同时，由于改革试点的时间相对较短、现有制度设计对于中学参与的监督不足、高校与中学合作招生的模式尚不成熟等原因，无论是从过程视角还是利益视角来看，当前中学的自主招生参与都存在大量现实问题，亟待学术界予以关注，并探寻形成更有效的改革举措。

一是中学角色转变带来的角色适应与角色扮演问题。一段时间的试点显示，中学积极参与到了自主招生制度改革之中，并努力承担了自主招生赋予的各项改革任务，但中学的某些角色扮演仍存在大量问题。比如，当前中学对于学生的学业与非学业表现监测与记录的科学性仍然不足，对于中学推荐和自荐材料的审核与把关仍然不够，对于中学层面参与招生初选和推荐流程设计的科学性与公平性仍然不佳，对于按照自主招生要求推进中学课程和人才培养方式改革的意识和能力仍然不够，对于高校自主招生政策的宣传、讲解和使用仍然不足，对于全体学生的自主招生参与权限的保障仍然不足等。这些问题并非中学或中学教师本人的刻意为之，而是与自主招生改革在中学层面的制度建设不足有关，也与中学应对自主招生改革方面的经验、动力和能力不足有关。2003 年以来，经过近 15 年的改革试点，上述中学层面的自主招生问题已得到部分缓解。比如，高校逐渐收回了中学层面的招生初选和推荐权限。下一阶段，教育行政主管部门应高度重视中学在自主招生改革中的重要地位，进一步分析、研究中学参与自主招生改革的各类问题，持续加强中学层面的自主招生制度设计。

二是利益参与尤其是利益博弈造成的结构性改革问题。归根到底，自主招生是一种新型招生考试制度的改革试点，自主招生并未大幅增加传统重点高校的生源总量，而只是在寻求自主招生与传统高考平衡的过程中，客观促成了优质招生资源的内部调整。上述中学层面的自主招生参与，在中学实现部分利益诉求的同时，也可能造成对弱势中学招生利益的相对剥夺，如何防止自主招生改革出现中学层面的“马太效应”，如何在保障中学自主招生参与权限的同时，进一步加强中学自主招生参与的过程监管尤其是利益监管，推动对弱势中学的教育公平补偿，防止出现强势中学“赢者通吃”并依托自主招生攫取更多高校招生录取话语权限的问题，仍然需要学术界进一步展开研究。本课题组在对多所重点中学的调研过程中，强烈意识到，中学自主招生权限的快速增加，尤其是重点中学的强势话语地位，已经在很大程度上改变了高校和重点中学的传统招生利益格局，调研过程中一些中学甚至对于本课题组义务、善意地进行提升弱势群体学生参与自主招生的知情权进行了“抵制”，一些中学对于如何在中学内部进行生源筛选和生源推荐工作讳莫如深。凡此种种，必须引起教育行政主管部门的高度重视，下一阶段应在中学层面破除既有的招生利益格局，通过刚性举措畅通自主招生的宣传途径，在中学形成自主招生改革的制度土壤和舆论氛围，破除部门利益凌驾于考生利益之上等不良状况。尤其是要形成有效的中学自主招生参与的利益表达机制和利益监督机制，自主招生制度改革应面向中学分权而不滥权、分权而不分责。

三是个体利益表达加大了中学层面自主招生腐败与寻租风险。自主招生改革试点客观上强化了中学的参与广度和参与深度，但如果缺乏必要监管，可能出现中学层面的自主招生寻租甚至腐败问题。从中学内部来看，无论是生源初选与生源推荐，还是学生自主招生材料准备与材料认定环节，都关涉学生及家庭的重大利益，并且存在寻租空间。尤其是一些前期研究已经显示出，当前中学客观存在着教职工子女自主招生占比过大、“近水楼台”效应明显的现实问题，虽然可能并不涉及寻租问题，但已经客观上造成了对其他社会阶层家庭子女自主招生参与的不公平问题。从中学外部来看，中学所在地的其他利益群体，也可能通过各种形式介入中学自主招生活动，影响自主招生公平。自主招生所在地的各类利益群体，有可能通过向本地中学施加影响，在自主招生活动中进行各自的利益表达。此外，高校在自主招生过程中因开展生源基地建设等活动，虽然畅通了与中学的直接对话机制，但也可能与中学达成某种利益“共识”，从而影响自主招生公平。本研究认为，当前阶段必须按照最严格的高校招生管理办法，细化自主招生管理办法，尤其是强化形成严格的监督机制，在中学层面形成透明化的自主招生管理制度，促成阳光招生在自主招生的“最后一公里”（中学）得以实现。同时，应加强面向中学的问责监督和执法执纪力度，对敢于挑战自主招生权威、敢于破坏自主招生规则、敢于违纪违法的行为一查到底。

总体而言，自主招生中的中学参与问题长期被学术界忽视，本研究关于自主招生中学参与的各类过程、利益表达尤其是现存问题的论述并非空穴来风。作为招生公平、教育公平乃至社会公平的显著标识，对自主招生各参与主体、各参与过程都应加强系统研究和监测，真正扎紧自主招生制度的牢笼，真正营造自主招生公平的社会氛围，真正保障弱势群体有效参与自主招生各项活动的权利，真正畅通弱势群体通过自主招生实现成材和向上流动的教育渠道。

11　守护自主招生公平：中学的应有作为与现实阻滞

一段时间以来，理论界与实践界更多地将自主招生公平寄托甚至强加于高校。而事实上，自主招生公平保障是一项系统工程，各环节尤其是各参与主体都应发挥关键作用，其中，中学扮演着自主招生公平的重要角色，中学对于自主招生公平保障，或者自主招生公平破坏，都可能起到关键作用。虽然如此，当前学术界围绕中学对于自主招生公平影响的作用机制、过程机理和作用细节仍缺乏必要研究。

一、中学在自主招生公平保障中的角色扮演与关键影响

与传统高考不同，自主招生公平保障是一项涉及多元利益、涉及多个主体、涉及多项流程的复杂活动，自主招生公平保障也因此成为一项系统工程。一段时间以来，学术界与理论界持续加强对于高校自主招生公平的讨论，逐步开始强调自主招生的公平保障、公平监测乃至公平问责。教育行政主管部门也将“有利于教育公平”作为自主招生政策设计的价值原点。虽然如此，学术界与实践界的已有研究视角，更多集中于高校，试图通过对高校的严格管理、制度建设和公平补偿，最大限度地保障自主招生公平。但这忽略了中学在自主招生公平保障甚至公平破坏中的关键角色，已有研究对于中学是如何影响自主招生公平的相关机理少有探究，并因此导致了对中学层面自主招生公平监管的制度缺失，导致中学层面的自主招生公平问题凸显。

中学活动可能促进自主招生公平。相比于传统高考，自主招生可以被认为是形成了一种新的招生分权模式，中学尤其是重点中学，在自主招生制度设计中获得了更多的招生话语权，通过中学在信息宣传、人员初选等步骤中的角色扮演，中学在很大程度上保障了自主招生的公平运行。

一是中学不断加强信息宣传，畅通信息渠道，破解招生信息不对称问题，并以此促进自主招生公平。与传统高考相比，自主招生政策设计过程复杂、主体多元，人才选拔更多偏向能力特长等非智力因素，且由于自主招生信息本身具有差异性、变更性和复杂性等特点，学生及家庭成员是否知晓自主招生制度的存在、是否全面掌握自主招生的信息资源，在很大程度上会影响到自主招生参与的知晓率、报名率和成功率，也即，自主招生制度设计在很大程度上与招生信息宣传存在显著联系。从中国国情来看，中国高校更多分布在大中城市，导致边远地区、农村地区等学生无法直接赴高校了解自主招生信息。而这些高校也大多缺乏全媒体资源运用能力，往往只能通过校园网等少数渠道进行自主招生宣传，难以直接面向弱势群体尤其是弱势地区、弱势中学、弱势阶层学生进行有效的信息宣传。与高校相比，中学在自主招生信息宣传方面则拥有天然优势，中学是高校与学生自主招生信息连接的天然纽带，中学完全具备面向基层学生尤其是面向弱势群体学生进行政策宣传的有利条件，可以进行全面、定点甚至个性化的信息宣传。该种信息渠道的畅通，是保障弱势群体有效参与自主招生活动，保障自主招生公平尤其是起点公平的关键步骤。

二是在自主招生学生初选和名额推荐方面，中学最了解学生情况，最有可能将自主招生公平落实在中学推荐环节。自主招生的制度设计，显性或者隐性地增加了中学在生源推荐方面的权限。当前，高校对于学生申报材料的初选，无法真实获知学生的全部学业与非学业表现，也因此无法有效判断学生的综合能力特长。与此同时，中学却最熟悉学生情况，对学生能力特长尤其是过程性学业信息最有发言权，因此部分高校将自主招生名额的初选权限下放给了中学，而中学也因此扮演了极其重要的生源推荐甚至初选角色，中学如果能够在此环节严把公平关口，形成客观的推荐意见、真实的推荐材料，将可能从源头上确保自主招生制度运行的科学性，也即从源头上夯实了自主招生公平的制度基础。

三是中学在自主招生公平底线保障方面具有独特优势。自主招生公平问题，尤其是寻租甚至腐败问题，其表现特征之一，就是生源质量与实际情况不符，对于生源质量的有效监测，重任也应落在中学身上。中学如能有效扮演好学生质量的认定角色，则可能形成有效的公平保障底线，防止各类公平问题发生，中学在第一时间提供自主招生公平动态，也有利于形成中学、高校、自主招生公平保障部门的协同联动。

与此同时，中学在自主招生公平保障中也扮演着“双刃剑”角色。中学既可能通过上述渠道保障自主招生公平，也可能通过各类手段破坏自主招生公平。作为自主招生制度设计的初始环节，以及与学生接触最为密切的自主招生参与主体，中学如果不能树立正确的公平理念，扎紧自主招生公平的制度牢笼，中学对公平的破坏影响力，可能远大于其他自主招生环节，也远大于其他自主招生参与主体。

一方面，在上述自主招生信息、学生初选和公平底线保障等方面，中学如不能发挥积极作用，而是自我放纵甚至推波助澜，则可能严重摧毁自主招生制度运行的公平基础。以自主招生信息宣传为例，一些中学长期以来将自主招生视为加分甚至福利政策，拒绝有效开展自主招生信息宣传，放任自主招生信息在强势社会阶层群体中流通，已形成了事实上的对于自主招生公平的严重破坏。一些调查显示，自主招生制度经过十多年的运行，仍然有很大比例的学生和家长并不知情。再比如，一些中学在自主招生名额初选过程中不公平、不公开、不透明，过多关照优势阶层子女，或者将更多名额在教师子女中分配，都可能引发严重的公平问题。此外，一些中学在自主招生公平制度建设、人员安排和监督渠道与技术方面等做得不够，也可能导致重大的不公平问题发生。

另一方面，中学也可能通过主动行为破坏自主招生公平。一些中学缺乏对自主招生公平的应有敬畏，在自主招生学生初选、学生申报材料准备等方面造假，可能引发严重的教育不公问题。一些中学站在道德制高点，声称为中学升学率提升考虑，开展与自主招生政策设计并不相符的各类活动，这也引发了强烈的教育公平质疑。比如，一些中学在学生申报材料方面做文章、动手脚，一些中学在能力特长证明开具方面监管不严等，应引起学术界与实践界的足够重视。

二、中学自主招生公平参与的利益诉求与保障监督

关于中学在高校自主招生参与中的公平角色，尤其是中学在自主招生公平作用发挥中的“双刃剑”特征，可以从利益视角展开进一步分析。

一方面，宏观利益争夺对群体性自主招生公平的影响。也即，中学从自身发展的利益诉求出发，形成保障或破坏自主招生公平的利益诉求。长期以来，应试教育所形成的“教育 GDP”，已成为中学甚至地方行政主管部门的“教育紧箍咒”。围绕高考指挥棒，尤其是高考录取率、重点高校录取率等关键指标，中学的教育决策往往“不敢越雷池一步”。自主招生改革作为一项新兴事物，短期内仍无法撼动传统标准化考试对于中学招生制度的决策惯性。因此，自主招生制度设计在中学层面往往被沦为一项高考加分活动，而非严格的面向学生能力特长选拔的人才招录新体系。这导致一些中学缺乏自主招生公平保障的基本意识和动机，这些中学更倾向于将自主招生作为提高高考录取率、增加“教育 GDP”的补充性教育活动，弱化了中学参与自主招生公平保障的自觉性，中学更多站在效率视角而非公平视角开展自主招生活动。

另一方面，是微观利益攫取对个体性公平的破坏。与传统高考批量化开展招生录取、中学干预录取结果可能性低等状况相比，自主招生制度设计充满弹性，尤其是在早期自主招生试点过程中，高校自主招生能力较为欠缺，因此有意或无意地将招生初选权转向中学，客观

上形成了中学参与自主招生名额初选分配的状况。而一旦涉及具体的利益人群，尤其是个体的招生利益，中学层面就有可能出于对该种招生利益的攫取，而存在破坏自主招生公平规则的可能，一些个人甚至可能因此而铤而走险。一些中学和个人也可能受到当地各类社会资本的影响，而成为权力或金钱的附庸，成为破坏自主招生公平的“先行者”。一旦自主招生成为利益交换的标的物，则自主招生公平保障也必然沦为空谈。

有一种观点认为，在古董古玩行业，对行业规则破坏最严重的是资深行业从业人员，他们的造假水平往往高到难辨真伪。与之类似，自主招生公平保障必须严防“自己人”对于行业可能带来的破坏。其中，中学理应在公平保障方面发挥关键作用，但也有可能因为上述复杂的利益诉求，反而无法站稳公平立场，客观上形成对自主招生公平的严重破坏。当然，上述关于中学在自主招生公平中的角色定位与利益机制，更多指的重点中学，尤其是一些超级中学。事实上，本研究显示，弱势中学往往很难有效参与到自主招生各项活动中，更难以参与到自主招生公平保障中，中学层次尤其是高考录取率的差异，已经在中国形成了较为严格的中学分层，这其实更大意义上是对自主招生公平环境的破坏。因为学生是生而平等的，不应因为中学本身的三六九等，而剥夺学生的自主招生公平参与权利。

对于中学层面自主招生公平保障的相关研究，也必须密切关注弱势中学的自主招生参与诉求。一方面，要打破中学分层特征与自主招生结果的强关联，进一步通过制度建设，防止任何形式的对于弱势中学学生自主招生参与的可能歧视。另一方面，要切实改革自主招生多元能力评价的现行机制，真正促进多元选材和多元成材，打破传统以智力选材为主要依据所形成的中学分层利益格局，大幅增加弱势中学自主招生参与的积极性。

三、在中学层面加强自主招生保障的若干建议

从某种意义上说，中学对于自主招生公平的影响，并不亚于高校

和其他自主招生参与主体。新时期，随着自主招生制度改革的继续推进，关注公平、保障公平甚至进行自主招生公平问责已经成为各方共识，新时期应采取有效举措，保障中学层面自主招生运行在公平性水平。

一是应加强中学层面自主招生公平保障的制度建设。应该由教育行政主管部门牵头，通过深入研究和多方调研，形成中学层面系列化、科学化、制度化的自主招生公平保障制度举措。在中学层面的自主招生公平总体原则、流程设计、人员队伍、反馈机制、问责方式等具体方面，要形成政策文本，要组织中学相关从业人员进行学习培训，要加强地方政府和纪律监督部门对于中学自主招生公平保障的主责意识，要明确地方政府在自主招生公平保障中的责任分工，要畅通自主招生公平在中学层面的监督渠道，加强执纪监督和违纪问责。

二是应规范中学层面的自主招生参与流程，确保权力在阳光下运行。自主招生的公平保障，核心在于加强过程监督。自主招生凸显了高校的办学特色，形成了差异化的自主招生要求，也因此大大增加了中学层面自主招生参与的灵活性与机动性，增加了中学的权力弹性，这为加强自主招生公平保障带来了客观困难。新时期，随着自主招生改革的深入推进，应切实加强中学层面自主招生参与的规范化管理，对自主招生信息宣传管理、自主招生学生初选管理、自主招生学生推荐材料管理、自主招生报名奖项认定管理、自主招生统计管理等主要方面规范运行，确保中学层面的自主招生权力在阳光下运行，防止由于上述个体层面的自主招生利益攫取，形成对自主招生公平的破坏。

三是加强自主招生公平保障的能力建设。在中学层面，既要强化中学的自主招生公平意识，提升中学自主招生公平保障能力，确保自主招生公平有人管、有能力管，也要加强与中学联系最为紧密的自主招生学生、家长的公平理念和能力水平，要形成自主招生政策宣传和公平保障宣传的多元渠道，防止中学因信息垄断而降低中学生及家长的自主招生公平认知水平和公平监督能力。

四是形成自主招生公平的联动机制，促进中学与高校开展无缝对接。要破除自主招生公平保障各自为战、对接不良的现实问题，清除公平死角，明确公平保障分工。要斩断任何形式的以公平为代价的自主招生利益输送，要防止中学以招生宣传、名额推荐和志愿填报等为要挟，强迫高校进行自主招生利益交换的可能情况发生。要在高校与中学之外建设行之有效的第三方自主招生公平监督保障与问责体系，要让掌握自主招生权限的各参与主体都形成尊重公平、敬畏公平的普遍共识，管好、用好自主招生赋予各方的权力。

五是加强研究分析，切实从中学层面开展自主招生公平研究。学术界关于自主招生公平的大量讨论，大多强调对高校的公平监督而忽视对中学层面公平监督的研究。少数关于中学层面自主招生参与的已有研究，也缺乏研究细节与科学证据。新时期，学术界应将研究议题进一步聚焦到中学层面的自主招生公平问题，进一步运用科学研究方法开展系列深入研究，教育行政主管部门要督促各中学主动接受监督、主动配合各项调查研究工作。

12　高校自主招生与世界一流大学建设

中国世界一流大学建设是一项系统工程，能否通过人才选拔制度设计，持续向高校输送符合一流大学建设要求的优质生源，是中国世界一流大学建设的关键之一。自主招生改革的总体理念，与世界一流大学建设应具有高度契合性，自主招生制度设计应面向一流大学建设不断进行改革完善。

一、自主招生与世界一流大学建设的理念契合

中国世界一流大学建设进程具有重要的历史意义和划时代价值，关乎中国高等教育竞争能力和全球影响力的提升，关乎中国特色的社会主义中国梦的实现。世界一流大学建设是一项高度复杂的系统工程，涉及高等教育改革的多个方面，既包含人才培养环节，也包含人才选拔环节，也即，世界一流大学建设需要将选材与育材高度统一起来。从此种意义上说，自主招生与世界一流大学建设在人才选拔的理念和目标上是高度契合的，这主要体现在以下几个方面。

一是自主招生人才选拔符合世界一流大学建设的人才标准。世界一流大学建设，关键之一在于有合格生源供给，以传统高考为代表的标准化考试，更多凸显的是对学生智育水平的考查，弱化了对学生非智力因素的考查，尤其是弱化了对学生多样化能力特长的考查，也因此形成了负向传导，即形成了所谓的应试教育文化，该文化长期以来扮演着“唯分数录取”“分数GDP”的关键角色。从前期研究来看，高

考具有显著的人才选拔标识度，通过高考选拔并完成培养的人才，对于改革开放近 40 年来的中国社会现代化进程发挥了至关重要的作用。但与此同时，高考人才选拔也存在显著的有“高原效应”缺“高峰效应”问题，也即，高考实现了国民素质大幅提升，实现了社会主义建设人才的基础保障，将中国学术研究及相关工作推上了新的高度，帮助中国成为世界高等教育的重要一极，使中国在高等教育领域站到了世界较前列，这可以称为“高原效应”。但是，中国在向主要发达国家进一步追赶甚至超越的过程中，在人才竞争方面仍然只有“高原”、没有“高峰”，仍然非常缺乏真正富有世界级创新能力、具有学科发展开创和引领能力、具有带领产业革命革新能力、具有高层次创新创业能力等方面的“高峰”人才。当前，实现上述从“高原效应”到“高峰效应”的转向，是中国世界一流大学建设的关键目标之一。在从“高原”向“高峰”迈进的过程中，最重要的任务之一是改变招生录取制度，核心是进行多样化的人才选拔与培养。另外，由于传统高考生源选拔理念与世界一流大学生源需求理念存在较大差异，自主招生在世界一流大学人才选拔过程中将扮演关键角色，自主招生改革遵循有利于落实高校办学自主权、有利于创新人才的选拔、有利于推进中学素质教育、有利于促进教育公平的总体原则，可以通过新的制度设计，形成创新人才甄别的新的理念和技术手段，营造中等教育阶段推行素质教育的良好氛围，打破高校与中学的人才培养理念与技术藩篱，夯实中学阶段创新人才的培养基础，为世界一流大学建设输送合格生源。

二是自主招生人才选拔技术符合世界一流大学的建设要求。在过程设计方面，自主招生的人才选拔技术，部分聚焦于高中阶段的教育经历，但又不局限于此，更多强调的是候选人长时间的能力储备，以及跨领域的知识储备、跨学历阶段的知识储备。因此，自主招生制度有利于促进上游人才培养环节更新教育理念。本课题组前期调研显示，一些中学尤其是重点中学正密切加强与高校的课程体系衔接与共建，一些高校已经通过自主招生制度设计，将部分前置课程向中学转移，一些高中学生得以提前进入大学校园，提早涉猎部分学科知识或进行各类能力特长训练。从具体的招生技术来看，自主招生也与一流大学建设有很强的技术关联性。比如，关于自主招生笔试的命题主体，逐渐由传统高考以中学教师为主，开始向自主招生以高校教师为主转变，这客观上将高校关于人才选拔的理念和细节向中学传递，方便高校按照一流大学标准开展命题和人才选拔活动。再比如，在面试环节正更加突显高校的办学理念，尤其是对学生各项能力的广度与深度的严格要求（而非对既有知识的记忆），一些全球最新技术、最新知识、最新方法等，也通过面试环节向中学人才培养环节进行传递，以倒逼中学阶段加强前沿知识教育。

三是自主招生制度运行结果与世界一流大学建设相契合。自主招生制度经历了相当长时间的改革试点，制度本身正趋于稳定，制度效果也日益凸显，已形成与世界一流大学建设在多个方面的有效契合。比如，自主招生选材与育材质量高度契合。本课题组的自主招生问卷调查结果显示，在学业成绩和课外表现等多个方面，自主招生学生表现都好于统招生。在对北京理工大学等样本高校的案例分析中发现，依靠能力特长进入高校的自主招生学生，不仅在学业表现方面较为优秀，而且其能力特长得到了应有的保护与提升，人才培养质量较高，这与世界一流大学所倡导的个性化、多样化、差异化的人才培养总体目标是契合的。研究结果还显示，自主招生学生在保送攻读研究生以及就业市场上也很受欢迎。从制度运行结果来看，自主招生制度设计也部分达成了将素质教育理念在中学层面进行有效推广的政策目标，这将为一流大学人才选拔提供更好的生源基础，本课题组前期调研还显示，在一些地区已经开始出现了高校自主招生向中考自主招生传递的可喜趋势，出现了重点高校自主招生向其他类型高校自主招生传递的扩散趋势，这都为世界一流大学人才选拔营造了良好的上游环节人才培养基础。应该说，中国传统的高考制度设计具有其合理性，在标准化考试方面也有其先进性，自主招生制度改革并未彻底推翻传统高考制度的核心地位，恰恰通过有效的制度设计，保障了学生智力优势的同时，凸显出学生个性化和多元化特征，该种制度设计与欧美高校制度相比，弥补了相关国家高中阶段学生基础能力尤其是数理能力的不足，这将为中国的世界一流大学建设提供坚实的生源保障，这也是中国开展世界一流大学建设的关键竞争力之一。

二、自主招生与世界一流大学建设的现实分歧

当前中国高校自主招生制度设计仍处于试点和过渡期，与真正意义上稳固化的自主招生制度设计仍有较大差距，与世界一流大学建设的生源要求目标还存在着部分分歧。

一是当前的自主招生制度设计，在落实高校办学自主权方面仍有较大差距。建设符合世界一流大学建设标准的自主招生制度，核心是落实高校办学自主权。当前的自主招生制度设计，赋予了高校一定的招生权限，部分落实了高校办学自主权中的自主招生权，高校可以自行开展对于自主招生的报名门槛的设定，自行开展对于自主招生笔试、面试方式和结果的认定，自行确定自主招生降分幅度等。但与此同时，当前仍然存在着高校落实办学自主权不足的问题。因此，一些学者将中国当前的高校自主招生改革称为“半自主招生”制度，其核心，是刚性的一本录取分数线与自主招生人才选拔的冲突方面。应该说，自主招生制度经过多轮改革，已经对传统高考的刚性分数认定形成了有效冲击，并因此确立了高校在人才招录活动中的部分话语权，但长期以来，自主招生制度设计仍然无法突破招生录取一本分数线的刚性限制，一些极为优秀的中学申请人，往往因为极小的分数差异，被高校拒之门外，对此一些高校深感痛惜，并与地方招生部门发生激烈争执，但往往都以高校失败而告终。事实上，如果自主招生制度设计始终不能突破传统高考的刚性分数线限制，则自主招生制度将长期处于过渡性甚至补充性的“半自主招生”状态，无法真正触及高校招生制度改革的根本，无法真正自主地为一流大学建设选拔和输送合格人才。同时，由于无法突破刚性的分数限制，也造成了自主招生资源的极大浪费，大量通过自主招生筛选的优秀人才最终无法进入高校，无效选拔

造成资源浪费。此外，以一本线为代表的刚性选拔分数要求，也造成自主招生选拔的制度混乱，一些著名高校（如多所C9高校）经过长期自主招生试点，已经将自主招生选拔的最优录取线降低到高考一本线水平。与此同时，一些相对弱势的试点高校（如一些普通211高校），也将自主招生最优录取线降至一本线，这样与著名高校比较就没有了降分优势。举例来说，某年度武汉地区的华中科技大学、武汉大学两所“双一流”建设高校，都将自主招生录取线降低到了高考一本线水平，而同城的武汉理工大学、中国地质大学、华中师范大学等211高校也将录取线降至一本线，但是显然与华中科技大学、武汉大学相比，其他高校并不具有人才竞争优势。除此之外，自主招生制度设计给予高校的其他权限也不足，部分限制了中国高校的“双一流”建设。比如，现行制度设计给予高校开展自主招生活动的时段很受限制，高校既无法充分进入中学开展宣传活动，也无法在高考之后如此之短的时间内真正有效甄别出合格人才。一些中学往往打着防止自主招生影响教育教学秩序的旗号将高校拒之门外，这本质上是中学对自主招生制度改革的顽强抵触。再比如，关于自主招生学生入校后的人才培养问题，学术界也存在所谓的“公平争议”，认为不应为自主招生学生开辟特色通道，应“一视同仁”地与高考入学学生开展人才培养，该种争论的背后也是高校落实办学自主权不力的具体体现，高校对人才培养尤其是个性化、创新型人才的培养，应该遵循实事求是和因材施教的基本原则，花费巨大的制度成本筛选出来的自主招生学生，如果确有能力特长，高校就有权开展专门的人才培养活动，让这些学生特色更特、特长更长。

二是大学素质教育与中学素质教育衔接脱节问题较为严重。长期以来中学素质教育存在的问题很多，推动中学教育从应试教育向素质教育转向，已成为老生常谈但难以解决的教育“顽疾”。自主招生制度试点以来，客观上形成了对中学素质教育的强有力推动，但也由于自主招生制度试点涉及高校较少，学生覆盖范围较小，参与中学以重点中学为主等原因，尚未能彻底动摇中学应试教育的根基。近年来，在教育行政主管部门的大力呼吁下，高校素质教育活动开展得较为丰富，这在某种意义上是对中学素质教育开展不足的补偿。但问题在于，不同教育阶段应有不同的素质教育目标和任务分工，单纯依靠高校开展的“补课式”素质教育活动，既难以从根本上扭转学生综合素质不足的问题，也可能错过了学生素质能力养成的关键年龄阶段。高校与中学应该有明确的素质教育分工，和连贯性的素质教育制度衔接，这其中，自主招生制度是检验中学素质教育成果、衔接高校与中学素质教育的关键环节。当前，由于高校与中学素质教育衔接存在缺失，导致自主招生在学生素质能力养成的推动方面非常受限，这也是自主招生制度试行初期很多高校面临“无材可选”尴尬状况的基本原因。

三是高校科学开展自主招生活动的理念、技术与能力不足。自主招生制度设计理念具有先进性，其制度本身对于高校尤其是一流大学开展人才招录活动具有现实价值。但是，由于高校自身处于从高考选材到自主选材的转型阶段，部分高校尚未掌握对于一流高中生的辨识方法，在具体的招生实践中，往往因高校自身选材能力问题而无法真正完成选材目标。一是人才选拔的理念存在问题。一些高校虽然加入了自主招生试点，但重视程度不够，并未真正开展过自主招生与人才招录活动的大思考、大讨论，也没有从思想层面和理念层面摆正自主招生与传统高考的角色分工。比如，一些高校多年来自主招生简章未有实质性变化；一些高校招生简章非常粗糙，无法看出其招录优秀人才的强烈动机；一些高校将自主招生活动与传统的特长生、保送生等相混淆，未在理念及相关的制度安排上做出有效区分。二是技术改革力度不够。一些高校缺乏自主招生命题的技术能力，试图通过高考试题、竞赛试题，甚至部分智力测试试题、公务员测试试题等的引入，达到招录自主招生学生的目的，这显然与一流大学建设中的人才选拔和招录目标相去甚远。这些问题的出现，本质上是高校在招生环节“懒政惰政”、拒绝招生改革的现实体现。三是在能力建设方面仍任重而道远。自主招生人才选拔具有成本高、对招生人员能力要求高等基本特征。一些高校未按照自主招生制度特征，加强高校招考能力建设，反而“新瓶装旧酒”，试图用传统高考招录的人员安排和技术能力来开展自主招生活动，其结果必然无法达到预期效果；一些高校试图将自主招生权限向基层学术单位转移，却忽视了基层学术单位关于自主招生能力储备的建设要求，使自主招生从学校层面的招生活动粗暴地变为学院层面的招生活动，并未根本上完成自主招生专业能力的提升，无法客观筛选出符合一流大学建设的合格生源。

三、面向一流大学建设的自主招生改革建议

新时期，中国世界一流大学建设正如火如荼开展，在此过程中，应高度重视人才选拔和招录活动与一流大学建设的匹配性。真正建成符合一流大学要求的自主招生制度，是新时期中国一流大学建设的关键任务之一，必须引起教育行政主管部门和高校的高度重视，必须采取切实有效的举措加以推进。本课题组认为至少应在以下几个方面寻求突破。

一是应切实按照自主招生的基本规律，有效落实高校办学自主权。应按照全球较为通用的一流大学人才选拔规律，重新审视和设计自主招生制度，真正将一流大学的选材与育材活动统一起来，真正给予高校按照自身规律和一流大学建设目标选拔优质人才的招生权限，真正给予高校按照人才选拔目标平衡自主招生与传统高考的基本权利，也同时应真正按照高校的人才培养要求，对自主招生学生入校后进行系统的人才培养设计。在此过程中，最核心的是高校办学自主意识的崛起。具有一流大学建设任务的高校，应该具有强烈的招生改革紧迫感和责任感，应从被动参与自主招生改革变为积极寻求招生改革突破，应切实加强高校自主招生制度建设与能力建设，应形成与自主招生制度相匹配的现代人才招录技术。此外，高校应专题开展有关自主招生本质规律的研究探讨，真正做到按招生规律办事，真正理顺自主招生改革推进过程中的理念和技术问题。

二是应深入开展一流大学人才特征和招录方法的专题研究。高校

应与中学密切衔接，打通人才培养的既有瓶颈，衔接好大学素质教育与中学素质教育的各项活动，形成一体化的优秀人才培养和评价过程体系。在此过程中，要切实加强符合一流大学特征和目标要求的生源特征研究，加强关于科学选材、科学开展自主招生制度流程设计和技术储备的相关研究。应引入科学研究方法，通过追踪性研究、实验性研究，包括大数据与人工智能研究等方法，形成科学研究结论。应有效凝练出符合一流大学建设要求的生源的基本特征，并将该特征进行教育教学活动分解，落实到高校尤其是更上游教育环节的人才培养活动中。应高度聚焦自主招生制度改革，科学开展自主招生政策影响评估，及时固定经验成果，及时为政策设计调整提供研究参考。

三是继续深入推进自主招生改革。下一阶段的自主招生改革，要真正形成触动利益、触动惯性、触动灵魂的改革成果，为一流大学的合格生源招录做好准备。自主招生改革总体方向应该是符合现代优秀学生招录的基本规律。过去十多年，自主招生改革试点已经对高校生源招录活动发挥了重要作用。自主招生改革应进一步扩大规模、增进影响；自主招生制度改革应触及应试教育灵魂，触及一流大学建设人才招录和培养理念的灵魂，使高校真正实现理念转变，带动各方参与。在此过程中，教育行政主管部门要及时对自主招生制度运行开展评估，对好的自主招生制度设计应予以肯定和持续推进，对问题突出的自主招生制度设计应及时修正。自主招生制度改革也要触及利益，核心是要打破以传统高考为代表的招生利益格局，形成新的高校招生利益再分配机制。要像经济制度改革一样推动自主招生改革，破除“唯分数GDP论”“唯升学率论”。要视世界一流大学建设为核心国家利益。

传统高考的制度设计本质上是一种零和博弈，任何落后地区也会有第一名和最后一名，该种制度设计可以选出第一名，但无法保证优秀人才尤其是创新性人才的持续涌现。自主招生制度设计则完全不同，其本质目标应是突破上述零和博弈，打破传统高考招生制度的部门利益格局。教育行政主管部门要加强对自主招生制度运行的保障和监管，助力形成新的招生生态系统。此外，要敢于触及制度惯性。人往往习惯于按照传统的经验与规律办事，一项运行数十年且具有强大教育基础、社会基础和民意基础的高考制度，对其进行改革也往往要触及制度惯性，要触及很大一部分从业者的思想观念和工作方式方法。

总体来说，自主招生制度改革与世界一流大学建设的总体目标是高度契合的。自主招生制度设计符合现代化人才招录发展方向，可以为中国一流大学建设提供人才支持。当前的自主招生制度仍需要进行大胆改革，中国的世界一流大学建设应坚定自主招生的改革方向，更多从一流大学建设视角重新审视自主招生的制度设计，真正把好学生选拔关口，高质量保障世界一流大学建设的人才需求。

13　自主招生改革：“向左转”还是“向右转”

高校自主招生制度改革，凝聚了教育行政主管部门、学术界及利益相关者的深情厚望，自2003年以来，通过多次改革已经在多个方面取得重要成果，尤其是在招生理念转变、招生技术革新、招材与育材融合、素质教育推进等方面取得良好效果。新时期，以上海、浙江为代表的新高考制度不断推进，更多省份正加入新高考序列，在这一背景下，伴随着高考生源、年龄结构的进一步变化，自主招生改革面临“向左转”还是“向右转”的现实选择。所谓“向左转”，即更大范围、更深层次、触动更多利益地推进自主招生深化改革，形成与传统高考制度并行不悖的人才招录方式。所谓“向右转”，指的是逐步固化现行的自主招生制度，形成稳定的自主招生体系或者逐步取消自主招生，将之相关理念技术融入新高考之中。当前无论是“向左转”还是“向右转”都有一定的舆论基础和现实依据，在新时期必须做出审慎研究和科学决策。

一、自主招生改革转向：车到山前

中国高校自主招生试点，长期以来一直回避的一个重要问题是改革深度、广度，尤其是改革的终极目标问题。也即，自主招生改革，究竟将在多大程度上实现对传统高考制度的革新，又将在多大程度上形成独立的招生制度或政策体系，这些问题一直悬而未决、议论纷纷。

学术界一般有三种观点。一种被称为“激进派”，试图通过系统深入的自主招生改革，形成类似于欧美发达国家的高校拥有完全招生自主权的招考模式，并通过彻底落实高校办学自主权，形成对上游招生和人才培养环节的教育引导，通过教育理念传导形成大中小学贯通的素质教育体系。另一种被称为“保守派”，即反对施行自主招生，以自主招生科学性不足、公平问题严峻、难以真正选拔出各类人才等为理由，试图回归到完全的传统高考模式，试图用刚性的招生公平来维护“教育公平”。居于二者之间的改革观点被称为自主招生的“温和派”，即既认同自主招生改革的总体理念，同意在有限范围、有限深度进行自主招生改革，又反对冒进，反对快速推进自主招生改革，反对面向所有高校推进自主招生改革，也反对彻底改变自主招生与传统高考的主次地位，该部分研究大多主张延缓自主招生改革节奏。

教育行政主管部门对于高校自主招生制度改革的态度比较模糊，长期以来，该项制度被冠以“试点”称号，参与自主招生改革试点的高校数量、招生人数比例、降分录取幅度等受到教育行政主管部门的严格管控，并且“试而不定”，一直无法形成明确稳固的自主招生制度体系，这显示出行业主管部门对于自主招生制度改革的审慎稳步推进思路，总体而言，这符合科学化决策的基本流程，也最大限度地保障了自主招生改革试点的有序推进。新时期，以上海、浙江等为代表的新高考制度改革进入推广期，早期进行新高考改革试点的部分地区已经迎来高中毕业生，开始面临新高考与自主招生制度的对接问题。因此当前理顺自主招生与新高考的关系，明确自主招生在新高考改革中的定位与角色，形成目标明确、分工合理、运行有序的高考与自主招生制度融合机制迫在眉睫。

当前对于自主招生改革试点的制度定型日趋紧迫。《国家中长期教育改革和发展规划纲要（2010—2020 年）》中对自主招生改革曾提出过明确的目标要求，即“完善招生录取办法，建立健全有利于专门人才、创新人才选拔的多元录取机制。高校普通本科招生以统一入学考试为基本方式，结合学业水平考试和综合素质评价，择优录取。”总体来看，“十二五”与“十三五”期间，中国对于自主招生改革的总体方向是围绕该规划纲要展开的，并基本达到了该规划纲要设定的目标要求。“十三五”临近末期，新的招生制度改革如何对自主招生制度进行定位，需要各方做出明确回答。其核心，是自主招生制度“向左转”还是“向右转”的问题。所谓“向左转”，其核心是进行更大范围、更深层次、触动更多利益的自主招生改革，也即上述“激进派”所认为的，将自主招生列为传统高考制度改革的终极选项，形成类似于欧美高校人才选拔的自主招生制度体系。“向右转”，则回答的是自主招生制度定型与改革收官问题，也即，如果政策意图并不是将自主招生作为高考制度改革的终极选项，则应考虑对试点了十多年的自主招生制度进行制度定型，应总结经验、分析问题、深入研究自主招生与新高考的匹配问题，做出继续推行自主招生改革或者稳定结束自主招生改革的最终决定。“向左转”与“向右转”，代表了新时期改革与稳定、现状与未来、一元与多元的招生改革的理念差异，学术界虽然已有的一些研究未提及“向左转”“向右转”的问题，但很多观点也已经涉及自主招生改革的终极方向问题。

二、中国需要什么样的新高考制度：自主招生制度转向的关键维度

关于自主招生改革“向左转”还是“向右转”的方向选择讨论，核心应回到对中国高考制度改革的总体目标和初衷上来，不应跳出高考谈自主招生，也不应跳出人才培养谈高考，未来的自主招生改革，应面向中国教育实际和教育战略目标开展有效讨论。未来十年，中国教育与高校招生制度的总体走向至少有以下三层背景。

一是生源缩减、精英高校激烈竞争，将形成新的高校招考环境。未来十年，中国高校适龄学生规模将进一步缩小，高等教育毛入学率将进一步提升，与此同时，中国将迎来高校分层加剧、生源不均衡问题突出等新问题，中国大陆将有可能类似于中国台湾地区的历史经验，

可能出现一部分学校招生“吃不下”、另一部分学校（甚至包含部分本科院校）招生“吃不饱”的问题，人民群众日益增长的对于优质学校、优质学科的就读需求，将与“双一流”高校招生竞争激烈这一问题长期相伴。在此背景下，中国高校如何通过调整招生考试制度，进一步满足高等教育发展需求，需要学术界进一步展开研究。

二是“双一流”建设与更加激烈的国际生源竞争的双重压力，将促进中国自主招生制度的转向。中国的“双一流”建设，是经过相当长的历史铺垫，积极迎接世界高等教育竞争的一次重大转向。“双一流”建设将促进中国一大批高校面向教育和科技高峰，与传统发达高等教育系统展开更高层次的较量。未来十年是“双一流”建设的关键期，中外高校竞争的关键内容就是生源竞争，中国的高中阶段教育能否高质量、稳定地向一流大学输送合格生源，成为中外高等教育竞争的关键着眼点。在此过程中，“双一流”高校将进一步获得高校办学自主权，这些高校将有可能按照世界一流大学建设的通行标准，自主开展更大范围的人才选拔活动，形成对于自主招生改革的强大需求。同时，随着中国高等教育综合实力的不断追赶，中国与发达高等教育系统的生源竞争将逐步出现在同一起跑线，将可能通过全球生源竞争进一步打破高校自主招生的各类制度藩篱，自主招生将可能代表中国最先进的招生制度改革成果，与其他国家的现代化招生模式展开招生制度的竞争。

三是人的全面发展与自由发展理念将进一步得以唤醒并占据核心地位。未来随着新一轮技术革命的兴起，尤其是以人工智能为代表的新的学习方式的突破，高校招生将从对学生知识记忆存储等传统能力的考查，逐步转向对学生的创新能力、综合能力等各方面的考查。中国以高考分数为核心导向的应试教育模式，在过去十多年的自主招生改革进程中已经受到严重冲击，下一阶段将可能得到更深层次的改变。该种高考制度体系的改变，既可能来自于教育内部的觉醒，由教育行政主管部门、教育学者和教育实践者共同推动完成，通过更加科学化的招生制度设计，形成真正的素质教育理念，并有效传导到上游教育环节，也可能（甚至更有可能）是由外部力量引发的，包括新的以人工智能为代表的人才选拔技术的革新，将有可能实现对学生的科学评价转变，同时学术市场和就业市场对于合格高中生源的需求变化，也有可能导致高校招生录取制度的变革，学术市场与就业市场因为新的技术革新，将有可能大大解放传统劳动力人才需求，却对人的其他能力特长（如创新能力）提出更高要求，这将有可能反向传导至各教育阶段的人才培养活动中，形成对于招生制度改革的更高要求。

在上述背景下，自主招生改革“向左转”与“向右转”拥有了一定的讨论基础。面向未来的自主招生改革，乃至整个招生录取制度改革可以遵循以下三个方面的原则：

一是综合考虑未来高校招生与人才选拔的技术方向。从人类历史来看，高校招生活动大致经历了几个基本阶段，一是从无招生考试到注册入学的初级阶段，也即当并不存在巨大的报考需求时，传统高校尤其是中世纪以来的欧洲大学，更多采取的是高校自主招生或自由招生的方式，学生在掌握基础的语言、运算、阅读等能力后即可进入高校学习。二是高校招生制度逐渐变为对可识别的显性能力的考查阶段。这以西方的标准化考试制度为核心代表，各国大多通过系列化测试，试图选拔出智力表现优秀的“聪明人”接受高等教育。三是多元智能阶段。后来一些西方国家逐步意识到人的发展和成功应该是多元的，高校人才选拔应尊重人的多元智能而非单一的智力能力。多元智能理论提出以来，学术界和理论界开展了大量的改革尝试，西方一些高校尤其是研究型大学，逐步淡化了对标准化考试结果的应用，逐步面向学生的综合能力开展考察。虽然如此，究竟如何运用多元智能理论更好甄别优秀学生仍存在技术瓶颈。为此，一些国家（如韩国），开始逐步推行档案袋制度，尝试通过拉长人才选拔跨度等技术手段，更真实地评价高校候选人的多元能力。对中国而言，长期以来中国并未实质性开展过对于学生的多元智能评价，未来随着以人工智能为代表的各类新的技术创新的发展，技术层面将有可能实现对于学生多元智能的科学化考查，甚至有可能通过大数据、人工智能等技术手段形成对学生学业能力与非学业能力的过程性考查，这将在技术层面推动中国高校招生制度改革。比如，人工智能理论将有可能首次明确反映出人类的学习过程，解析人类知识获取的基本原理，将有可能从结果层面评价人类的知识学习过程与知识学习结果，人工智能相关技术一旦在教育学领域实现突破，将极有可能被运用到高校招生考试制度改革，将可能部分实现对人的多元智能的考查。

二是多元选择与选择多元的需求将进一步得到释放。2003 年开启的自主招生试点，首次释放了学生多元选择高校的权利。事实上，欧美等主要发达国家的高校，大多设置有相对平等的高校与学生相互选择的权利。但中国长期以来存在着高校与学生在选择信息与选择权利上的不对等，并引发了高考志愿填报混乱、学生专业选择和职业发展脱节等大量问题。在下一阶段，畅通高校与学生之间的信息传导渠道，形成双向的多元选择与选择多元的新的招生制度体系，成为中国民众的迫切需求。未来的中国高中生，既有可能像西方中学生一样，通过多次考核并选择使用最优成绩申报高校，也有可能实现面向多所学校同时提交入学申请，获得多校录取后择优入学的机会。发展到这一阶段，将很大程度改变中国的高校招生录取制度体系，自主招生相关理念将得到进一步彰显。

三是知识内容体系的调整，将促进高校与中学的有机融合，也将形成事实上的对高校招生制度改革的持续影响。一段时间以来，高校自主招生改革已经部分打通了高校与中学的人才培养理念和人才输送渠道的传统壁垒，一些高校已经开始在有条件的情况下，走进中学开设大学前置课程，初步实现了大学与中学在人才培养环节的衔接，一些中学也尝试走进大学，与高校联手开展更多类型、更深层次的人才培养合作指导，较早按照大学的人才培养目标更新和调整办学理念与办学实践。下一阶段，该种高校与中学的深层次互动关系，甚至大学中学共生关系将进一步深化，中国将有可能形成类似于欧美国家的根据中学课程难度状况、大学在中学设置的前置课程表现等，决定是否招录学生的人才选拔模式，该种大学与中学制度壁垒的破除，将可能极大影响高校自主招生改革的走向，乃至高校人才培养活动的整体架构。

三、自主招生改革的制度方向选择要当断则断

高校自主招生因中国“双一流”建设而进入改革窗口期，对于自主招生制度的方向把握不容拖延迟缓。如何构建符合中国经济社会发展总体目标、符合中国高等教育实际、符合现代化高校招生规律的自主招生制度体系，成为学术界必须深入探讨的议题。

改革没有终点。对于自主招生改革“向左转”与“向右转”的问题，本课题组更多持“温和观点”。从上述关于中国高等教育未来发展方向、高等教育招生考试发展趋势来看，自主招生将可能成为高考制度体系中非常重要的角色，甚至可能成为不可替代的、独立的、具有中国特色的高校招生制度，从这个角度来说，自主招生改革应加快制度定型，自主招生不应再继续扮演高考制度的补充角色，应按照自主招生规律形成自成一体、相对独立的制度体系和政策架构。但是，当前自主招生改革客观上面临各类困难，少数困难短期内难以调和，尤其是涉及自主招生公平等复杂问题，因此在自主招生各项关键技术与非技术议题尚未突破的情况下，不宜盲目扩大。本课题组判断，未来可能的发展方向是自主招生制度逐渐与新高考制度实现融合，自主招生无论称谓是否继续保留，但自主招生制度运行十余年来积累形成的改革经验应融入新高考改革理念、政策设计和技术细节之中。

本研究同时认为，应阶段性地对自主招生制度改革试点做出政策评价，为下一阶段自主招生改革做好理论准备。基于上述关于未来中国发展与教育发展的综合研判，本研究认为，自主招生具备成为中国高校招生制度改革未来方向的部分特征，高校及其他自主招生参与主体要惜时如金，珍惜改革的历史性机遇，探索形成更为科学、公平、

高效的自主招生人才选拔制度体系；要开放、包容，吸纳全球学术研究前沿成果到自主招生人才选拔制度设计中，通过新的技术革命带动形成新的招生制度体系；要注意协调好各方关系，努力化解自主招生改革的现实阻力，维护好自主招生公平的民意基础，形成面向下一阶段自主招生改革的民意土壤。

14　开放高考“源代码”提升自主招生科学性

一些观点认为，自主招生与传统高考存在天然对立。事实上，自主招生虽然另辟蹊径，与传统高考存在人才选拔理念、目标、方式方法等方面的差异，但自主招生与传统高考又是互为补充、融合发展的，双方应各自履行好自身职能，共同构建和形成系统科学的高校招生录取制度体系。在此过程中，自主招生应加大对于传统高考数据的使用，并以此提升自主招生的科学化水平，降低自主招生在智力考查等方面的选材成本，真正形成自主招生与传统高考深度融合、相得益彰的招生制度体系。

一、自主招生与传统高考的任务分工和技术定位

自主招生与传统高考，遵循的是两种完全不同的人才选拔价值理性。前者更多试图通过多样化手段，甚至多重标准，筛选出各类差异化人才，而后者，则主要以智力考查为基本标准，以标准化考试为评价载体，利用绝对分数进行刚性的人才选拔。自主招生与传统高考的上述目标定位与价值理性差异，自然地就体现在招生制度设计中，也自然地延伸到招生录取的技术环节。

传统高考是经过长时间历史检验、高度科学化、具有公平保障的招生录取技术。高考承载着招生公平、教育公平乃至社会公平的寄托和希望，也承载着招生考试录取在命题环节，尤其是关于考生智能、

发展潜力侦测等方面的技术创新重任。经过长期以来的改革与发展，高考已经成为全球标准化考试的杰出代表。无论是在信度与效度方面，还是在招生成本与其他科学化表现方面，高考已经具有良好表现和较好口碑。相比而言，自主招生改革试点开始于2003年，距今时间尚短，自主招生虽然突破了对传统以智力为主的标准化考试思维局限，尝试按照多元智能理念开展人才选拔活动，但也由于多元智能理论本身在技术实现方面尚不成熟，使得自主招生制度改革在科学性方面仍存在较大欠缺。因此，一部分高校继续沿用了传统高考的人才选拔方式，甚至将招生命题权转移给中学或其他中介机构来完成，严重背离了自主招生多元选材的改革初衷；另一部分高校，则试图将自主招生人才选拔向偏、难、怪等方向发展，试图大量借鉴奥赛试题甚至公务员考试等试题，尝试从其他维度观察学生的现实表现，这虽然存在与自主招生选材目标的部分重合，但绝大部分人才选拔工作仍然严重背离自主招生的多元选材目标，使自主招生人才选拔的科学性大打折扣。还有一部分高校，则彻底丧失了自主招生人才选拔的科学性基础，大量偏题、怪题甚至错题的使用，引发了舆论的强烈质疑，这些高校的命题随意性很大，科学性不足，也引发了有关自主招生公平问题的大量讨论。

应该说，自主招生与传统高考各自扮演了人才招录的不同角色，分工不同使得二者的技术手段也存在天然差异。传统高考更多扮演着对学生智力要素及相关准智力要素的考查，自主招生则更多扮演着对非智力要素尤其是各类创新要素和综合能力要素的考查。高考与自主招生应有明确的职能分工与目标界定，自主招生不应盲目向高考学习，将自主招生沦为“二次高考”，自主招生与传统高考应各自扮演好自身在新的高校招生制度体系中的关键作用，形成有机的分工与合作，共同促进中国科学化的人才招录活动的开展。

二、开放高考“源代码”剥离自主招生的智力考核内容

近年来，美国主流研究型大学开始出现一种声音，即反思对于本

科阶段招录中国学生的科学性问题。一些观点认为，中国考生通过报考SAT进入美国高校的传统招录方式并不可取，所培养出来的人才并不具有领先能力，一些高校建议在标准化考试环节应重点参考中国高考分数（而不是SAT等本国标准化考试结果），不应继续收录那些畏惧高考、在中国学业成绩表现不佳、通过专业包装进入美国等高等教育系统的学生。与此同时，中国对于传统高考制度的质疑却仍在加剧，主流的声音仍然认为高考扮演着推进应试教育的不良角色，认为需要对高考进行彻底改革。

综合上述两种声音可以发现，对于中国传统高考的质疑，更多是对高考所发挥的示范性引领作用的批评（如对高考“指挥棒”作用的批评），而并非对高考命题科学性的批评。近年来，西方学术界也已逐渐开始承认中国高考分数，进而承认了高考制度在中学阶段人才选拔方面的有效性。从此种意义上说，自主招生应与传统高考明确分工、互为支持，自主招生不应完全“另立门户”，试图完全重构一套全新的人才选拔体系。自主招生与传统高考应构建起有效衔接，应打通对高考结果的互认渠道。自主招生有效借鉴和使用传统高考的技术手段和选拔结果，将在智力考核方面得到有效解放，将有助于高校进一步聚焦对其他非智力要素的考查。而这一目标实现的关键就在于，高考是否能够开放人才选拔的“源代码”。所谓“源代码”，即传统高考究竟是在考查学生智力或非智力要素的哪些方面，高考哪些科目甚至哪些试题最终能够呈现出学生哪些方面的能力、特长和未来潜质。以美国SAT考试为例，该项标准化考试，既能从总体分数上反映学生的综合能力水平，同时也可以对学生的记忆能力、思维创新能力等方面进行分门别类的分析解读。中国高考如果也能开放试题命制的“源代码”，实现与自主招生制度的有机对接，将降低自主招生负荷，提高自主招生人才选拔的科学性，还将凸显不同高校自主招生人才录取的特色与差异。举例来说，一所高校在开展自主招生活动之前，就应获知考生的传统高考表现，即通常所说的高考总分情况，同时也应获得考生在记忆能力、思维能力、创新能力等方面的分项能力得分，以初步对考生的未来发展潜质做出判断。但各高校可以对于高考成绩和所开放的“源代码”使用存在差异，比如有的高校可能对考生的记忆能力给予很高的自主招生认定权重，有的高校则可能对于考生的思维深度或语言能力给予更高的权重，也即开放高考“源代码”之后，促进高考与自主招生的融合将分为三个步骤：一是高考命题要更加凸显结构化人才选拔的思维和标准，要对考生各项能力特长进行有效的细分，未来的高考命题，既需要获得高考总分和各科目分值，也需要通过高考获得考生各项能力特长的得分。二是应构建自主招生与传统高考的分数共享、连接和共同使用机制，对于传统高考已经涉及的学生能力特长的考查，自主招生不应再进行重复性甚至低水平、科学性水平不高的二次测试。三是应凸显高校对于目标学生选拔的个性化需求。高考虽然是统一的试题，但各高校如何解读和使用高考分数则可以因校而异。如何科学使用高考分数，多大程度上使用高考结果，如何使用高考结果作为自主招生录取依据，这也将对中国“双一流”背景下，各高校如何进一步凸显高校办学特色、落实高校办学自主权、形成百花齐放的高校人才竞争格局，发挥关键作用。

三、开放高考“源代码”：可为之处与技术细节

以上关于开放高考“源代码”、服务自主招生人才选拔活动的有关思路，其基本前提在于，高考是否存在严格意义上的结构化命题步骤，是否可以进行科学化的结果分解，是否可以差异化地去解释和使用高考结果，以及传统高考通过“解码”以后对学生各项能力特长评价的信度与效度如何。本研究认为，要真正开放高考“源代码”，需要进一步加强制度设计，不断加强对技术细节的管控，本课题组对此提出以下两方面建议。

一方面，应明确高考在学生智力选拔和准智力选拔中的应有职责，为自主招生人才选拔提供智力及相关能力参考。高考作为一项高度标准化的现代化考试制度，应实现更大程度上与全球主流标准化考试的

对接。目前与SAT等标准化考试不同，高考仍然沿用的是传统的命题方式，缺乏考试试题难度选择的弹性，尤其是缺乏对于考试结果的差异化使用。在命题机制方面，传统高考也与西方标准化考试完全不同，西方标准化考试试图通过标准化试题库的建设随机生成试题，并据此细化分析学生的各类能力表现。中国的高考制度则遵循集体命题的基本思路，试图通过高中阶段学科专家的集思广益完成试题命制。应该说，中西方两种标准化考试的命题方式各有利弊，西方更多通过试题库的严格筛选和生成保障了命题质量，但同时也因为试题重复使用等存在试题泄露的现实风险，中国的高考命题则具有一定的偶然性因素（比如，中国高考存在着显著的年度命题难易差异），当前阶段无法通过高考结果的分析，细化说明学生具体的各项能力表现状况。但中国高考也有自身的优点，高考在保密性、公平性等方面，甚至在对于智力因素的考查方面具有现实有效性。近年来西方一些高校正逐步将高考纳入招收中国留学生的认定标准之一。本研究建议，中国高考的试题命制，应部分学习、借鉴西方的标准化考试经验，其中最关键的是，出台高考试题对于学生能力考查的细化指标解释，真正实现高考从“唯分数录取”和“分数GDP主义”，到“分数解构主义”、分数与学生能力关系的深度挖掘等方面转变，这将大大解放自主招生制度设计在学生智力考查方面的工作任务，并通过自主招生活动进一步落实高校办学自主权，真正实现高校按需选材、按能力特长选材、按多元能力各项指标细化选材的政策目标。

另一方面，建议自主招生制度本身加紧开展基于考生能力特长认定的各项技术突破。各高校要视自主招生改革为凝聚办学理念、落实办学权限的关键抓手，要珍惜自主招生改革的历史性机遇，要进行科学有效的人才选拔技术创新，确保自主招生具有较高的科学性水平。各高校要学深吃透多元智能理论的基本理念和技术体系，要充分借鉴国际前沿的现代化人才招录技术手段，要面向未来、充分利用现代信息技术领域尤其是大数据与人工智能领域相关研究成果，进一步提升自主招生人才选拔的科学性水平。此外，要加强高校自主招生命题科学性的动态化与常态化评估，要向社会公示各高校自主招生命题的科学化水平，要对命题科学化水平较低、命题态度不严谨、出现重大命题事故的高校及人员进行严格问责，要对长期拒绝按照自主招生政策设计开展人才招录活动、反复出现自主招生命题事故、总体命题科学化水平过低的高校，提出警告或收回其自主招生权限。要开放自主招生命题科学性的评价标准，进一步加强通过自主招生渠道入校学生的质量监测，防止出现自主招生学生入校后质量低、表现差等问题出现，甚至要追踪自主招生学生进入学术市场或就业市场的后期表现，通过学术界与实践界的共同努力，最终形成系统完备、科学有效、长期持续的自主招生人才选拔科学性评估机制。

总体而言，传统高考是经过时代检验的、具有中国特色的、长期扮演人才选拔关键角色的中国标准化考试实践，而自主招生则更多代表着最新的现代招生理念，是一种新的高校招生录取制度尝试。高考和自主招生不应成为天然对立关系，应切实按照各自职责分工，共同构建起有中国特色、符合中国高校发展建设目标、更多面向素质教育的高校招生录取制度体系。在此过程中，除本研究所探讨的开放高考“源代码”等制度举措外，还应在其他高考与自主招生的技术衔接方面，进行更好的制度布局与政策调整。

15　美国精英高校如何保障招生公平？

——基于对美国阿默斯特学院的访谈

一、研究背景

为促进创新人才培养、增进高校办学自主权、推动素质教育、促进教育公平，2003 年以来，中国重点高校陆续开始推行自主招生试点。截至目前，已有 90 多所高校、年均数万名学生参与其中，涉及主要的“985 工程”与“211 工程”建设高校，成为仅次于传统高考的人才招录新模式。十多年来，高校自主招生改革在取得一系列重要成果的同时，学术界对于其可能存在的公平问题的讨论也不绝于耳。在此过程中，部分学者将触角逐渐伸向对发达国家自主招生制度设计公平保障的研究上来。近年来，少数就职于美国高校的华人/华裔学者对于美国高校招生制度的介绍，成为中国学术界真正了解美国招生制度的绝佳窗口。但总体而言，该类一手素材仍十分缺乏，关于美国招生公平性保障的研究人云亦云的情况居多，对知识增加的贡献有限。

为此，本课题组专程赴美国部分高校与招生部门负责人展开深入访谈。其中，美国高等教育的特殊构成——文理学院的招生模式和公平保障体系，对中国高校自主招生公平保障具有重要的参照意义。原因在于，高度筛选性的文理学院在招生规模、招生制度、考核内容等方面与中国自主招生有很多相近之处。在此方面，本课题组选取了阿默斯特学院（Amherst College）作为访谈研究对象。阿默斯特学院是美国最著名的文理学院之一，在历次文理学院排名中位列全美第一或第二位。其招生高度精英化，每年只面向全球招录新生400余人，招生的高度遴选性可与哈佛大学等著名综合性高校媲美。本课题组负责人对该校招生办公室助理主任和录取委员会成员 Nick Wan 进行了访谈调查，并由 Nick Wan 先生对本访谈成果进行了审核。通过访谈，本课题组认为，该校招生公平保障体系主要有三个方面的具体内容，即前期招生准备的专业化、中期申请过程的专业化、后期注意事项，下面将具体介绍。

二、前期招生准备的专业化

本课题组根据对 Nick Wan 的访谈内容，对这次的对话进行了三部分的整理，其中对美国的前期招生准备从机构与工作人员的设置、招生原则和招生宣传成本三方面进行了总结分析，表15.1是 Nick Wan 针对这三部分谈到的关于阿默斯特学院的具体情况。

表15.1　Nick Wan 的访谈内容

项目	Nick Wan 的访谈内容
机构与工作人员	各高校招生委员会的规模大小不一，以阿默斯特学院为例，现在学校委员会共有13名成员，他们每年要处理约6500名学生的入学申请（2016年为9000多名）。专任教师也会对申请者发来的比较专业化的特长素材（如唱歌视频）进行评估。已毕业校友会帮助招生高校到宣传地“摆摊宣传”，或者帮助开展学生面试工作。但是校友一般不会跨区域工作，也不会回到自己的家乡去开展招生工作。 美国总的招生协会称为全国大学入学咨询协会（National Association for College Admission Counseling，NACAC），国内被划分成不同的片，比如我所在的学校属于新英格兰片，就叫新英格兰大学入学咨询协会（New England Association for College Admission Counseling，NEACAC），即在大学入学咨询协会前面加上新英格兰。还有一些地区性交流，比如新英格兰地区的学校每年都会有一次年会
招生原则	总的来看，美国高校招生过程中不完全看重标准化考试（SAT）成绩，一般最看重的是申请者高中阶段的课程表现，尤其是课程难度，主要是看申请者是否有修其所在中学提供的最有难度的课程。同时，一些高校还特别在乎学生对所申请高校的热爱程度，并将此纳入申请考核衡量当中

续表

项目	Nick Wan 的访谈内容
招生宣传成本	我们每年都会对所有的未来可能的申请者邮寄招生画报等材料，这个过程是以人为单位的，对那些通过宣传会等各种途径进入我们招生系统的学生开展宣传。邮寄的材料制作非常精美，并且全部用最环保的材料印制。学校每年在此项工作上的花费都达数百万美金

（一）专业化的机构与工作人员

根据 Nick Wan 的谈话，笔者发现美国每所高校都会设有招生委员会（Admissions Committee，AC），其成员工作性质属于学校工作人员（Staff），他们不管什么职位，都在这个委员会里拥有发声的权利。招生委员会主要为审议机构，监督招办工作，招办主要负责具体招生事宜，如印发大学介绍资料，与高中进行联系，决定招生条件、标准等。此外，专任教师或管理团队也会为招生工作提供支持，已毕业校友也会义务性地参加招生工作，招生委员会一般不需要对他们进行培训，他们只介绍一些感兴趣的内容。如果要成为顶尖招生工作人员，则需满足更高要求。全球和美国有非常专业的招生协会组织，其中的招生工作人员每年参加年会交流，这对专业化招生人员成长很有帮助。美国总的招生协会又称作全国大学入学咨询协会。国际招生方面有专门的组织，即海外大学入学咨询协会（Overseas Association for College Admission Counseling，OACAC），包括美国、英国、加拿大等做国际生源录取工作的人员，以及做高中升学指导的人员都会参加，是一个非常大规模的全球性协会。在具体的招生过程中，老的招生工作人员也会分享经验，发挥传、帮、带作用。美国国内招生工作门槛并不高，只需本科毕业，尤其是本校毕业，对招生工作感兴趣，听、说、读、写尤其是交流没有问题，热爱该行业，即可从事这项工作。

（二）招生原则

Nick Wan 认为有些学校确实存在美国精英高校招生公式化的问题，但是小规模高校一般没有类似的公式，而是真正对每一份申请材料进行阅读和审核。除看重申请者高中阶段的课程难度，还根据中学所提供的课程数量来做分析，如果这个中学只开设了5门高难度课程，而这名学生就修了5门，说明这个学生非常愿意应对挑战，也非常有能力。反之，如果中学提供了50门高难度课程，学生只选修了3门，那说明他并不优秀，或者进入精英高校意愿不强烈。总体而言，高校就是以这个标准来判定学生在他所处的那个环境的表现，挑战性是最被看重的。在招生过程中，有些高校不注重标准化考试成绩，甚至不在乎申请者是否提交成绩，提交与否与录取结果没有影响。郝宁学者也认为："在选拔新生的过程中，美国高校通过从多方面综合衡量和选拔学生，不是仅仅以入学考试成绩作为唯一的录取标准。其录取新生的模式可以概括为：学术综合考试+学业成绩+综合表现+面试考查。录取要求和标准包括高中毕业证书、中学课程及其成绩、入学申请和推荐信、入学考试成绩、班级排名、特殊录取标准等"。也有些高校是硬性要求提交标准化成绩，比较看重分数，但一般会选取申请者多次标准化考试的最高分数。

学生对所申请高校的热爱程度也要作为申请考核衡量指标，这也体现出了高校对于学生的主观想法的重视程度。具体来说，就是考查申请者对这所大学是不是有足够的兴趣。比如是否到学校参观过，最重要的是要参加面试，高校指定的官方途径面试都将视为有效。此外，招生委员会去中学访问的时候学生也要参加，以鼓励学生在这个阶段与大学建立联系（会现场填写表格，将意向学生信息登记入库）。当然，这并不是所有高校的标准，有些学校并不将学生前期是否与学校有接触纳入录取标准。

（三）招生宣传成本

美国高校招生宣传成本高，形式多样。根据文献显示，美国大学招生成本高，持续时间长，一般约三个月。由于美国研究型大学招生不是以考试成绩为唯一标准，所以招生委员会需要花费大量的时间和精力去审核申请者的每一份材料。以哈佛大学为例，有哈佛招生委员会成员30人，他们负责招生宣传工作，亲自向其所负责区域发放宣传单，亲自与家长和学生进行交流。哈佛大学每年要招收1000多名学生，但是申请材料高达20多万份，而要完成如此庞大的审阅量，这些委员会成员每人每天必须工作十几个小时。重视宣传，其实质是重视高校与学生双方的信息对称，通过宣传，高校能将充分尊重多样化学生自由意志的意愿传达给考生。因此，美国花费大量的宣传成本并不是没有根据的投资，是一种实现双赢的举措。

三、中期申请过程的专业化

（一）申请材料的处理

据相关文献记载，美国高校在自主招生过程中，对于收到的海量申请材料的审阅只需要一到两名招生人员就可以了，于是审阅者的工作量较大，他需要将申请材料进行整理，包括对SAT或ACT成绩的换算，将申请者的关键信息摘到具有一定格式的表格里。根据Nick Wan所说亦是如此，工作人员一般是在网上系统打开一个学生的申请材料，包含他所有电子版文件（如果申请者发来的是纸质版，会扫描成电子版）。就美国文理学院而言，这些高校规模都很小，招生过程中一般先看申请者高中四年的成绩，再看申请材料中的申请文书。申请文书一般通过统一的申请平台提交，申请者可以把申请材料递交给很多高校，里面有一些题目学生可以自己选择回答。有些高校会单独设立自己的文书要求，比如有一年阿默斯特学院的题目是“你接受过的最好的建议是什么”。现在阿默斯特学院在此过程中给学生提供了两个选择：一是学生可以提交一份在高中阶段的论文，但是这个论文一定要有教师的批语和批注，这个论文可以有分数，也可以没有分数。二是让学校教授提供很多主题，这些主题没有任何背景，让申请者根据这个主题来发挥自己的想象力，表达自己的想法。美国高校的招生工作人员是非常专业化的，他们能看出申请材料的好坏。招生工作人员通过在线阅读学生的信息后，会把学生情况总结为 2 ~ 3 句话，填在一个电子表格里。审阅者完成第一轮的整理后，进行筛选，留下进入第二轮审核的名单，招生事务处对淘汰比例没有硬性要求，一般情况下，审阅者的经验越丰富，淘汰率越高，以减少第二轮的工作量。比如波士顿学院虽然也是小型精英型院校，年录取规模在 2000 人左右，但可能会收到超过 2.5 万份申请。此种情况下，录取学生的权力可能就会落在每一个招生委员会成员手上。他们会先依据一些规律性的东西（不一定有公式）筛选掉不合适的，然后对剩下的几千份申请再进行细读。Nick Wan 还介绍，在学生申请过程中，一般要提交 2 ~ 3 封推荐信，一封必须是他们大学升学指导办公室的指导老师（Guide Counselor）执笔，主要回顾（Overview）学生整个高中的表现；另一封是学科老师，比如数学老师、英语老师、历史老师等执笔，一般不提倡类似于体育或艺术类较偏的学科老师执笔。有些高校会要求有两封老师的推荐信。中学教师会极为认真地对待这个事情，撰写推荐信是中学教师的重要职责，一定会确保时间投入。除了两份必要的推荐信外，也会有额外的推荐信，如果学生觉得需要提供更多的信息也可以提供，一般家长也可以撰写推荐信。著名人物的推荐是否有用，关键看著名人物是否真的与学生有联系，是否了解学生，如果不了解，即使是总统推荐也没用。

（二）面试过程

美国的面试不会很复杂，会有通过网络邮件的“突击式”面试，也有面对面面试（但是这个需要提前和学生预约）。面试一般是由招生委员会成员与申请者一对一进行。每次面试时招生委员会写一个四五段文字的面试表现描述，分享给其他委员，以呈现这个学生的表现情况与兴趣点。上述提到的校友面试也会写出类似的几段话发给招生委员会。秋季学期，招生委员会成员出差很多，可能都不在办公室，此种情况下，会邀请大四学生当面试官，当然会对申请成为面试官的学生进行面试考核。在面试申请者的时候，没有题目或题库准备，是自然而然的交流，多数是针对申请材料发问，其最主要的目的是看申请者的沟通交流能力、对学校的兴趣、高中的经历，包括他的学术经历、课程、课外活动等。但面试不会出现一些与实际相差很远的“无厘头”问题（比如“如果你是一棵树，你要怎样生长”）。

（三）能力特长的重视

美国高校招生特别注重学生的能力特长，如 Nick Wan 所说，他们会看该生的各种经历，比如课外活动、参加的俱乐部等。还有参加的社区服务，或者是参加了某一个项目帮助不同的人群，以及各种慈善的活动等。美国有很多慈善活动，让学生筹集资金、旅行及各种竞赛等。不同于中国的是，这些经历都不需要相关的证书证明，面试官只是想了解申请人参加这些活动是不是真正学到了东西，是不是真正热爱这些活动。如果申请者列举了参加的大量活动，但描述不细致，面试官就会怀疑其真实性，或者其到底扮演了什么角色。所以，面试官主要是看信息是否提供得详细，材料越详细越好，以体现活动的真实性。

（四）提前录取的保障

目前，美国有 300 多所大学实行提前录取，一般在高中 12 年级的第一个学期开始时进行，学生可以自主决定是否参加提前录取，但只能向一所高校提出提前录取申请。每所高校都设置有“图书奖”（Book Award），它是一种提前锁定优秀学生（如获得美国总统奖的高中生）的录取方式。工作人员会把“图书奖”分发给每所高中，由高中的指导老师（Counselor）选择获此殊荣的学生。“图书奖”是对学生学术成绩的肯定。另外有些具体的举措，比如目标学生如果真的申请所选高校，可免去 60 美金申请费。高中阶段有很多学生并不了解大学，但通过上述举措，学生会尝试了解，毕竟申请费减免对学生还是很有吸引力的。判断某所中学是否是重点中学，主要是看招生历史，看哪些中学历年来的申请者最多。但高校对来自这些中学的申请者不会有特殊照顾，只是来自这个中学的申请者会更有竞争力。

四、后期注意事项

（一）高校之间的竞争关系

按照 Nick Wan 所说，美国也有竞争，但主要还是合作，而且是非常和谐的合作。通常情况下，会有几所高校一起去招生，特别是在国际招生、去不熟悉的地方或知名度较高的中学招生的时候，学校间的合作更为紧密。比如，阿默斯特学院会带上两个知名度不是特别高的高校一起去招生，彼此吸引生源，并互相补充，这种类型的招生活动都是自发的。好学校之间也经常合作，比如阿默斯特学院与美国好的文理学院，也会一起出去招生，因为大家知道它们每个学校的特点不同。合作招生过程中招生人员也会告诉学生学校间的差异，以利于学生做出他们自己的选择。

（二）学生的利益保障

在美国，已经形成双向自主选择的招生模式。这样的招生模式将招生权与择校权赋予大学和学生，使得教育方和受教育方各归其位而不受缚于官方的统招和分批次录取的局限，学生需要基于对大学和专业的了解而不是仅凭考分去选择大学，大学也有可能通过多元评价不拘一格地遴选其目标学生。在与 Nick Wan 的访谈中，我们得知了美国学生也拥有招生权力反转的机会。比如，他们录取 15 个学生，但这些学生可能除了申请该校，也申请了哈佛、MIT、耶鲁等，并被录取，这个时候学生则有权反过来选择学校。常规录取时间一般是 3 月底、4 月，优秀学生一般都会收到多份录取通知，然后他们会用一个月的时间去参加被录取学校的各种活动，比如去学校住两晚，感受一下自己是不是想来这个学校。学校也非常热情，以此来提升最终录取率。但学生一旦确认后就必须到学校报到，实际上美国整个招生制度是有完整设计和保障的。

（三）奖学金的分配

不同学校奖学金政策不尽相同。比如，阿默斯特学院是缺多少补多少，按需分配，美国只有 6 所这样的学校，分别是哈佛、普林斯顿、耶鲁、阿默斯特学院、达特茅斯学院和 MIT，这样的奖学金政策不仅面向国内学生，还面向国际学生。除此之外，还有一种是家庭需求，根据家庭体现出来的需求额度决定分配额度，但很多学校仅提供给国内学生。奖学金与学校性质也有很大关系，一般私立高校，不管是州内学生与否，只要符合“家庭需求”的申请标准，奖学金是面向全部学生的，而公立学校则会非常仔细地区分是否是本州学生。对于奖学金额度的认定，其权限一般不在招生部门。

（四）对于弱势群体的公平补偿

招生过程中会重点考虑学生的家庭背景与学业成就的关系。比如在招生过程中，成绩相当的情况下，会优先录取来自贫困家庭的学生，并着重考虑申请者的困难程度和他最后的学业成绩。美国“平权法案”对少数族裔学生提供了保护。招生部门在考察申请者所处的教育背景时，如果教育背景不那么优越，会在申请者的学术评价（Academic Valuation）方面降低一点标准，但并没有刚性比例，如百分之多少给予弱势群体。

五、美国招生公平性保障对中国高校自主招生的启示

访谈显示，以阿默斯特学院为代表的美国精英高校招生制度已高度规范化，其中，对于公平保障的举措已渗透在各个方面。笔者认为，至少在两个方面对中国高校自主招生改革具有借鉴意义。

一方面，是人的专业化与招生公平保障。访谈显示，美国精英高校招生活动已成为高度专业化的社会活动。该种专业化既体现在充沛的人力投入、多元化的人员使用、招生人员的职能与权利的匹配等方面，也体现在对有效甄别好学生的专业能力等方面。人的专业化确保

了招生活动的有序开展，体现出招生活动的专业性与人性的统一。访谈中的一些发现，与国内前期的一些研究文献的观点并不完全统一，比如一些文献认为美国招生公平是刚性的，对于弱势群体、少数族裔的保障更多是通过“平权法案”、百分比计划等制度规范的。事实上，访谈显示，公平正义的招生官员也是招生公平的关键保障。美国精英高校的招生制度设计，是充分信任参与者个体的，甚至对一些校友、在校学生等的意见都高度重视和认可。而中国高校自主招生制度设计则似乎遵循的是“有罪假定”，对于招生人员的不信任，导致了在制度设计环节更多的是希望通过各种束缚限制招生权力，防止招生寻租或腐败行为发生，最后的结果就是自主招生往往“刚性有余而弹性不足”，无法真正“不拘一格招人才”。当然，客观上说，中美两国文化和国情存在天然差异，诚信制度、诚信文化差异很大。但从根本上改变对招生人员的“有罪假定”，自主招生为优秀人才选拔途径的本源十分重要。这不仅是制度设计与环境营造问题，也涉及招生人员自身的专业化建设问题，是否具备足够的能力“慧眼识英”不能靠运气和天赋，而应形成高度可操作性的专业化招生人才培养标准。同时，在招生人员素质提升的同时，也应适度加大招生人力资本投入，传统高考更多依赖对分数的排序而非逐个学生的甄别，自主招生制度设计则需要投入远高于传统高考的人力成本，高校招生不能“新瓶装旧酒”，还需要依靠高考模式的资源投入解决自主招生的成本问题。

另一方面，是制度的专业化与招生公平保障。美国精英高校招生制度设计已高度专业化，这无论对于人才选拔，还是对于高校权益、学生权益的保障都起到了关键作用。在统一的规则之下，各高校各显其长，形成了良性的招生竞争。访谈中甚至显示出了一些高校搭配招生、合作招生等友好行为，这既提升了招生效率，也降低了招生成本。同时，尤其注重对于学生权益的保障，这种“以人为本”的方式非常值得中国自主招生制度学习，教育的根本是“使人成为人”，高校招生长期被诟病之处也在于其机器化思维。从制度上保障学生充分选择的权利，不仅可以大大增加个人意向与学业选择的匹配度，而且可以促进高校之间的良性竞争，加强招生参与者对于招生主体的监督。访谈显示，这种制度的专业化核心还体现在对人情世故的漠视和防范上，比如在推荐信、申请材料等环节，中国自主招生造假问题严重，最近又爆出买卖专利以获得自主招生权等问题，而美国的招生制度设计对这些方面有严格的规定和规范，确保了制度的流畅运行。从教育公平的角度来说，合理设计的有效制度降低了寻租和腐败空间，这也恰是确保教育公平实现的制度关键。

中国的一流大学建设归根到底是教师队伍的建设和学生人才的培养。有什么样的招生制度就会培养出什么样的学生人才。当前中国的自主招生公平改革任重而道远，在以上海、浙江为代表的新的招生改革设计中突出了对学生的全面考核，这将自主招生理念进一步扩大。未来，中国自主招生公平保障应更多地向国际著名高校学习，最终通过人的专业化和制度的专业化为高校招生公平保驾护航。

参考文献

[1] 刘清华．试论美国高校招生考试与学校教育的关系［J］．外国教育研究，2003（04）：45－50.

[2] 郝宁．美国招生政策与我国高校的自主招生［J］．求索，2010（07）：173－174，192.

[3] 王洋．美国著名研究型大学招生模式研究［D］．东北大学，2013.

[4] 黄首晶，郑畅．美澳两国自主招生公平性改革的经验与借鉴［J］．中国高教研究，2015（07）：59－63.

[5] 岳伟，美国高校招生考试制度及对我国高考改革的启示［J］．天津市教科院学报，2007（04）：51－54.

[6] 陆一，黄傲寒，黄温馨．考后双向自主选择的招生体系成本研究：以美国大学为参照［J］．清华大学教育研究，2015（01）：111－118.

后记：教育研究应更加务实、科学管用

——我的自主招生研究之旅

自主招生是一个令我着迷了十年的研究领域。

2003 年，中国 22 所高校开启了大规模的自主招生改革试点，当年度，我也走出高考考场，进入高校开启了本科阶段学习。但是，直到 2008 年，在我加入导师（沈红教授）的高校自主招生研究课题组之后，我才第一次知道，中国在高考之外，还存在着自主招生这种专门的入学考试制度，而且存在了这么久，改革得如此大。我也第一次深刻地发现，高考已不再是传统人们心目中统一的起跑线，信息占有的多寡，及其背后的生源地域、中学、家庭等，都有可能成为左右自主招生遴选的重要因素。也是从 2008 年开始，我下定决心要“搞清楚”自主招生的问题，并由此开启了延续至今长达十多年的自主招生研究工作（虽然非常遗憾我的博士论文选题与自主招生无关）。

我常常想，自主招生改革之风强劲，却为何吹不到我所在的江苏小城？我错过了 2003 年的自主招生考试，是因为我高中“蜗居”的江苏县城太过落后吗？是因为我所在的中学不够重点、不够重视吗？是因为我自己孤陋寡闻、错失机遇吗？有研究将江苏的高考归纳为“县中”模式，也就是江苏等省份县里的中学往往是最具竞争力的，这动摇了我的上述疑问。2016 年，我受命赴海南省一个民族自治县挂职副县长，当我在三个市县为家长、学生、中学校长进行自主招生义务宣讲时，我面对的是一双双惊讶、错愕甚至好奇的眼睛，有那么一瞬间，我觉得这种眼神很熟悉，这不就是 2008 年第一次听说自主招生制度时的我吗？

教育学科研究总是想抓住“真问题”。一项高规格的改革试点，14年的不间断努力，仍有相当数量、相当比例的中学生甚至中学校长不了解、不清楚、不参加，这是不是问题？是不是“真问题”？从2003年开始，学术界对于自主招生公平的研究就可谓是“连篇累牍”，甚至是“汗牛充栋”，但以我之愚见，真正说清楚的不多，真正下功夫试图推动自主招生公平改革的研究更少。自主招生公平研究和很多高等教育研究一样，看似热热闹闹，实则外强中干。说远一点，近两年来中国高校教育学院的“倒闭潮”，是不是和这种“说得太多、做得太少”“看似奋笔疾书、实则不痛不痒” “追逐研究热点、持续追踪不足”“强调方法意识却欠缺深入基层勇气”等不良的研究习气有关？

我认为，自主招生政策研究根本不是回答公不公平的问题，而是想方设法如何进一步促进公平的问题。上述关于信息占有对于自主招生公平的影响，也只是自主招生公平问题的“冰山一角”。高校自主招生简章的政策导向，高校自主招生名额的投放，中学内部自主招生人才的初选与推荐，自主招生的笔试、面试、心理测试等环节，自主招生公平研究的议题极多。但与之相反，前期的研究学者却大量撤出了这一研究领域。学者们像追风一样，被以上海、浙江为代表的新高考制度改革的新风潮吸引了。自主招生领域也不再热了，2016—2017年全国核心期刊发表的篇名含“自主招生”文字的中文论文，一共才23篇（其中3篇是本人发表的）。虽然如此，在我心中，自主招生公平问题一天不得到有效解决就仍然是很好的研究领域。

自主招生公平问题研究还涉及方法问题。大约在2009年前后，我有幸参加了北京举办的一场关于政策影响评估的培训班，印象深刻。我发现，以政策影响评估等为代表的“政策实验研究”方法开始出现在教育学界，该种方法往往通过精巧的研究设计，不断逼近真实的政策运行状况，并通过各类科学发现推动政府改革。我称这种研究方法是“让人哑口无言的研究”，因为和传统的教育研究不同，这种方法不仅告诉决策者某一教育活动的现状与问题，关键是还通过实验（或准实验）方法提供了多种改革选择，并呈现出各种改革的优缺点、成本等供决策者选择，是真正面向问题解决的研究方法。该种方法在我心中种下了种子，循此思路，我有幸在 2014 年获得国家自然科学基金的资助，有机会运用实验的思维开启自主招生公平研究。结合我的工作实际，我选择了海南省的三个县市作为“实验组”，一个地级市作为“对照组”，目前研究已经结束，相关研究得到了一些“惊人的发现”（某同事语）。

因为我的博士论文选题并非自主招生，我的自主招生研究产出不丰，虽然如此，我仍坚持不懈，从未放弃对这个“真问题”的探究。本书是我有关自主招生研究系列丛书中的第二本。第一本《中国高校自主招生公平问题研究》已于 2015 年由北京理工大学出版社出版，第二本重点介绍了我对自主招生机理的一些个人思考，第三本预计 2020 年出版，将着重介绍我有关自主招生公平研究的部分实证研究成果和“海南实验”的有关成果。我想，虽然在教育学科我资历浅薄、人微言轻，但自主招生公平既然是“真问题”，而且问题还不小，我会一直坚持下去。

本书撰写得到我的硕士生刘真的帮助，感谢她在录音整理、文字编辑等方面的有效工作。是为记。

写于北京理工大学教育研究院合并入人文与社会科学学院前夕。